시니어
시프트

10년 후, 미래를 주도할 비즈니스 트렌드

시니어
시프트

Senior Shift

Traveling & Learning, late in life
Financial and Insurance
Care Service
Health Care
Living Support Service
Shelter & Home
Fashion & Shopping
Well-dying & Ending Business

최상태 · 한주형 지음

한국경제신문

이 도서는 2017년도 한국보험학회 저술사업의 지원을 받았음.

세계적인 고령화 추세와 시니어 비즈니스 트렌드 _____

'트렌드(Trend)'란, 특정한 시대나 사회의 유행을 의미한다. 특정해 설명할 수 있는 하나의 경향이자 일정한 패턴을 유지하고 있는 사회적 흐름(Stream)이다.

트렌드가 형성되는 과정은 작은 물줄기에 불과하던 현상이 사회적 변화, 시장의 확장, 빅 이슈 등 특별한 조건과 맞아떨어질 때 붐(Boom)이 일면서 큰 강물이 되는 것과 같다. 선진국을 중심으로 확산된, 지금도 계속 확장되고 있는 시니어 비즈니스 트렌드가 바로 그렇다고 할 수 있다. '고령화'라는 뚜렷한 사회적 변화가 새로운 트렌드를 형성하고 있는 것이다.

고령화는 전 세계적으로 거스를 수 없는 뚜렷한 추세다. 계속 늘어나는 고령 인구가 왕성한 소비 패턴을 보이자 관련 산업은 세분화되고 있으며 파생 상품 역시 다양해지고 있다. 그 결과, 거대한 단일 마켓이 형성되는 중이다. 시장이 커지면 뚜렷한 패턴을 읽을 수 있기 때문에 분석이 가능하다. 그리고 분석이 가능하면 미래를 예측할 수 있다. 이처럼 인구구조의 변화는 정부, 기업, 개인 등 경제 주체에 상당한 영향을 미친다. 세계적인 경영학자 피터 드러커 교수도 인구 통계의 변화가 미래를 정확하게 예측할 수 있는 유일한 수단이라고 강조했다. 선진국들은 이 통계와 추세를 바탕으로 신산업을 준비해왔고 그것이 현재 넓고 깊은 강물이 되어 흐르고 있다.

우리나라도 2017년에 65세 이상의 고령층이 전체 인구의 14%를 초과하면서 고령사회에 진입했다. 하지만 선진국들처럼 시니어 시장이 형성되지는 못했다. 트렌드라고 부를 만한 경향 또한 보이지 않고 있다. 이는 정부나 기업 모두 시니어 세대에 대한 이해가 부족하고 니즈(Needs)에 대응할 준비가 미흡했기 때문이다. 일찍이 경험해보지 못한 고령화 및 저출산에 대한 정부의 정책 방향이 명확하지 않았고 기업도 국내 시니어 시장이 아직까지는 작다고 보는 바람에 공격적인 진입을 꺼렸다. 안타깝게도 우리나라는 '시니어 비즈니스'라는 글로벌 트렌드에 올라탈 준비가 아직 안 된 것이다. 그럼에도 불구하고, 아니 그렇기 때문에 글로벌 트렌드에 주목할 필요가 있다.

사실 '고령화'라고 하면 은연중에 부정적인 미래상을 그리게 된다. 물론 생산 인구보다 부양받아야 할 인구가 많아지는 것은 걱정할 만한 일이다. 하지만 결코 암울해 할 필요는 없다.

고령화는 엄연히 우리에게 다가올 미래이고 받아들여야 할 현실이다. 객관적인 시각으로 고령화를 분석하면 그 안에서 분명히 비즈니스 기회를 찾을 수 있다. 고령 세대가 많아진다는 것은 그만한 시장이 열린다는 것이기 때문이다. 게다가 지금의 시니어들은 과거의 시니어들과 달리 경제력이 있기 때문에 인구 고령화는 새로운 비즈니스 기회가 될 가능성이 높다. 일명 시니어 (비즈니스) 찬스다.

해외에서는 이미 4차 산업혁명과 함께 장수혁명을 통한 비즈니스 패러다임의 시프트(Shift)가 일어났다. 따라서 일찍이 고령화를 경험한 선진국들의 시니어 비즈니스 사례를 살펴보고 트렌드를 분석하는 것은 매우 흥미롭고 유익한 과정이 된다. 선진국 사례를 타산지석으로 삼으면 실패를 줄이고 시간도 단축시킬 수 있기 때문이다.

해외 시니어 비즈니스 사례 분석에서 길을 찾다 _____

개인이나 기업이 미래 사업을 예측할 때 주요한 근거로 삼아야 할 것은 바로 시장의 잠재력과 트렌드이다. 비즈니스 현장인 시장에 답이 있고 그 안에서 형성된 특정 트렌드를 이해하면 비즈니스 기회의 주도권을 잡을 수 있기 때문이다.

필자는 이 비즈니스 기회의 주도권을 시니어 시장에서 찾기를 바라는 마음으로 해외에서 두각을 나타내는 시니어 비즈니스 아이템을 분야별로 소개하고 실제 사례와 그 의미를 이 책에서 분석했다. 분석을 통해 향후 발전 방향과 전략 수립에 필요한 시사점을 제시하고자 노력했다.

관련 아이템들은 주로 창업을 준비하고 일자리를 찾는 사람들과 신사업 전략을 수립하는 기업이 참고할 만한 것으로 선정했다. 분야별로 분류해보자면 시니어들의 가장 큰 걱정거리인 건강을 지키는 문제, 생을 아름답게 마감하고 싶어 하는 웰 다잉, 어디서 어떻게 살면서 생을 마감할 것인가에 관한 주거의 문제, 주거지와 요양 시설 등에서 제공받는 요양 서비스, 생활 지원 서비스, 일자리, 식생활, 여행 및 유학, 패션 및 유통, 금융과 보험 등 크게 10가지 카테고리다. 간단하게 설명하면 다음과 같다.

1. 시니어 비즈니스 1순위는 두말할 나위 없이 건강분야다. 시니어가 되면 제일 먼저 건강문제를 신경 쓸 수밖에 없기 때문이다. 피트니스, IT 기술, 셀프 (건강)관리 등 해외에서 뜨고 있는 건강 관리분야에 대해 설명했다.

2. 죽음을 일상생활에서 멀리하고 터부시하는 것이 인지상정이지만 고령사회에 접어들면서 삶과 죽음에 대한 생각이 조금씩 변하고 있다. 특히 일본은 장례와 관련된 상품이 많이 나오고 있다. 셀프 장례, 직장(直葬, 장례식 없이 곧장 화장하는 것), 종활(終活, 죽음을 준비하는 활동), 생전 정리, 시신(屍身)호텔 등 웰 다잉(Well-Dying) 관련 비즈니스 사례

가 꽤 많다.

3. 시니어에게 집은 매우 중요한 공간이다. 선진국에서는 활기찬 노후를 위해 지금까지 살던 곳에서 다양한 사람들과 교류하면서 공동체를 만드는 시니어가 많다. 미국에서는 CCRC(연속적 케어형 은퇴자 공동체), NORC(자연 발생적 은퇴자 공동체), 코하우징 등 시니어 커뮤니티가 속속 만들어 지고 있다. 살던 집을 안전하고 편리하게 개조(Reform)하는 비즈니스도 성행 중이다.

4. 일본의 시니어 산업은 장기요양보험제도가 도입되면서 활성화되었다. 이제 요양 시장이 커지면서 대기업도 눈독을 들이고 진출하고 있다. 최대 과제인 요양 인력 부족을 해결하기 위해 간병로봇이 개발되어 현장에서 활용되고 있다.

5. 독거노인이 늘어나면서 고독사 등이 사회문제로 대두되자 시니어 돌봄 및 안부 확인 서비스에 대한 관심이 높아지고 있다. 가사 대행, 정리 수납, 건강 증진, 재활, 치매 예방 등 시니어의 다양한 니즈와 연계된 생활 지원 서비스가 계속 발전할 것으로 예상된다.

6. 100세 시대에 제2의 인생을 위한 일자리가 화두다. 시니어의 경험과 능력을 활용하는 창업도 다양한 형태로 이뤄지고 있다. 시니어 창업을 지원하고 시니어 인재를 파견하며 사회 공헌 관련 일자리를 창출하는 플랫폼을 만드는 해외 사례는 우리에게 시사적이다.

7. 시니어가 되었다고 음식에 대한 관심이 줄어들지 않는다. 하지만 구강구조의 변화 등 신체적 어려움 때문에 예전만큼 식사를 즐기지 못한다. 이 점을 파고든 유니버설 디자인 푸드, 시니어를 위한 도시락 배달 서비스 등 새로운 비즈니스 모델이 뜨고 있다

8. 나이가 들어도 건강한 시니어가 많아지면서 여행에 대한 관심이 뜨겁다. 또한 배움에 대한 갈망도 크다. 배리어 프리(Barrier Free, 고령자나 장애인도 살기 좋은 사회를 만들기 위해 물리적 · 제도적 장벽을 허물자는 것) 여행, 시니어 맞춤 여행, 해외 단기 유학 등 시니어들의 관심을 비즈니스 기회로 연결하려는 움직임이 활발하다. 한편 여행까지는 아니더라도 가고 싶은 곳에 맘 놓고 갈 수 있도록 시니어의 이동을 돕는 개인 이동수단(Personal Mobility)도 속속 개발되고 있다.

9. 과거에는 나이가 들면 패션에 대한 관심을 꺼버렸다. 하지만 요즘은 과감하고 적극적으로 자신을 표현한다. 인생 마지막 옷, 마지막 화장이 될 것이라고 생각하기 때문에 가격이 중요하지 않다. 이러한 변화에 맞춰 시니어와 패션을 연결해주는 시도가 눈에 띄게 늘고 있다. 유통분야에서도 시니어를 고려한 시프트가 두드러지게 일어나고 있다. 백화점, 쇼핑몰, 편의점의 변화는 혁신적이며 다루는 시니어 용품도 날로 진화하고 있다.

10. 노후에 필요한 자산 관리와 금융업무를 해결해주는 서비스도 활발하게 성장하고 있다. 상속 및 증여에 관한 신탁 상품이 뜨고 있으며 장수 리스크를 관리하기 위한 다양한 보험 상품과 주택연금도 개발되고 있다. 또한 IoT(Internet of Things, 사물인터넷), AI(Artificial Intelligence, 인공지능) 등 첨단 기술을 활용한 건강 관리와 연계된 보험 상품도 주목받고 있다.

필자는 앞의 해외 사례들이 고령사회를 준비해야 하는 정부, 새로운 시장을 개척해야 하는 기업, 수혜자이자 주역이 되고 싶어 하는 개인에게 귀중한 정보가 될 것으로 믿는다. 나아가 우리나라의 사회·경제적 환경에 맞게 시니어 산업을 발전시키는 데 일조할 수 있다면 더할 나위 없겠다는 바람이다.

집필을 시작할 당시의 바람은 (필자가 운영하고 있는) 50플러스코리안이 현장에서 겪은 경험과 노하우를 널리 알려 대한민국 시니어 비즈니스 생태계 발전에 기여할 수 있다면 좋겠다는 것이었다. 하지만 워낙 다양한 분야를 다뤄야 하는 바람에 중도에 포기까지 생각했다. 그때마다 미국 노스캐롤라이나대학교 와슬(Janice I. Wassel) 교수, 닛세이기초연구소 마에다(前田展弘) 연구원, 시니어라이프디자인 호리우치(堀內裕子) 대표가 아낌없는 조언을 해줬다. 다시 한 번 고개 숙여 감사를 드린다. 더불어 50플러스코리안 회원에게도 고마운 마음을 전한다. 모두 늘 힘이 되는 우리 식구다. 끝으로 미수(米壽)를 앞두시고도 정정하신 아버지와 어머니, 장모님, 그리고 가족에게 이 책을 바친다. 모두 건강하고 행복한 100세 인생을 맞이하길 바란다.

최상태, 한주형

시니어 시장의 확대

의학의 발달과 저출산의 영향으로 지금 전 세계가 늙어가는 중이다. 선진국들 대부분은 20세기 초반부터 고령화사회로 진입했고 프랑스, 독일, 영국 등 일부 유럽 국가는 1970년대에 이미 고령사회가 되었다. 대표적 장수국가인 일본은 1970년에 고령화사회, 1994년에 고령사회, 2006년에 초고령사회에 진입했다. 우리나라 역시 2000년에 65세 이상 인구가 전체 인구의 7%(약 339만 명)를 넘으면서 고령화사회가 되었고, 2017년 8월에 14%(약 711만 명)가 되어 고령사회에 진입했다.

우리나라의 고령화는 그 유래를 찾아보기 힘들 정도로 빠르게 진행되고 있다는 부분이 다른 나라와 비교했을 때 가장 큰 차이점이다. 고령화사회에서 고령사회로 진입하기까지 프랑스가 115년, 미국이 73년, 독일이 40년, 일본이 24년 걸린 반면, 우리나라는 불과 17년이 걸렸다. 선진국들의 고령화는 완만한 곡선을 그리며 진행되어 그 충격을 대비할 수 있었다. 하지만 우리나라의 상승곡선은 매우 가팔라 충격에 대비할 시간이 부족하다.

한번 붙은 가속도는 줄어들지 않을 전망이다. 2025년 무렵이 되면 초고령사회로, 2050년이 되면 한국이 일본을 제치고 세계 최고령국가가 될 것으로 예상되고 있다. 이와 관련된 기사를 접할 때마다 '노령', '고령', '고령화', '초고령화' 등 엇비슷한 단어들이 혼재된 탓에 고령화문제의 심각성이 피부에 와 닿지 않기도 한다. 이 책을 읽기에 앞서 그 정의를 다시 새겨둘 필요가 있다. 유엔(UN)이 정한 기준에 의하면 '고령자'란, 65세 이상의 사람을 말하며 그 비율에 따라 국가의 등급을 다음과 같이 나누고 있다.

- 고령화사회(Aging Society): 총인구 중 65세 이상 인구 비율이 7% 이상일 때
- 고령사회(Aged Society): 총인구 중 65세 이상 인구 비율이 14% 이상일 때
- 후기고령사회(Post-Aged Society) 혹은 초고령사회: 총인구 중 65세 이상 인구 비율이 20% 이상일 때

우리가 인구 변화에 주목하는 이유는 인구가 곧 '시장' 그 자체이기 때문이다. 시장은 인구구조의 변화에 따라 지대한 영향을 받는

다. 그렇다면 고령화는 위기일까? 기회일까?

식상한 표현이지만 위기가 곧 기회다. 위기의식은 사전 준비를 하게 만들고 그것은 새로운 기회를 불러오기 때문이다. 그리고 고령화는 시니어 시장이라는 새로운 시장의 개막과 확대를 의미한다. 게다가 지금의 시니어들은 과거와 달리 소비 여력이 충분하기 때문에 고령화 관련해서 준비를 제대로 한다면 새로운 비즈니스 기회가 될 가능성이 높다. 시니어 찬스인 것이다.

가장 먼저 초고령사회에 진입한 일본이 고령화 위기를 기회로 전환시키고 있는 시니어 찬스의 선두주자다. 국가적 위기를 새로운 산업이 태동하는 기회로 삼기 위해, 동시에 신산업 부흥으로 위기를 극복하기 위해 민관(民官)이 힘을 합쳐 다양한 시도를 하고 있다. 가뜩이나 침체된 저성장 시대의 돌파구로 삼고 있는 것이다. 정부 혼자 부담하기에 벅찬 부분은 민간 기업이 산업으로 활성화시키고 있으며 정부는 규제를 완화하는 방식으로 지원하고 있다.

미즈호코퍼레이트은행 같은 금융기관들은 인구구조의 변화에 따라 소비 지출 및 사회 보장 급여의 증가가 전망되는 상황에서 시니어 시장의 확대를 예상하고 있다. 2025년에 이르면 101조 3,000억 엔(1,013조 원) 규모(2007년 대비 161%)로 성장해 일본 전체 시장을 견인하는 선두주자가 될 것으로 예상했다.[1] 특히 시니어의 건강, 생활을 지원하는 의료·요양 산업은 약 50조 2,000억 엔(약 502조

---

1) 환율 계산 시 1엔은 10원, 1달러는 1,100원, 1위안은 170원으로 했음.

원), 생활 산업은 약 51조 1,000억 엔(약 511조 원)으로 증가할 것으로 보고 있다.[2] 일본의 경제산업성 발표에 따르면, 세대주가 60세 이상인 고령자 세대의 연간 소비 지출이 2012년 100조 엔(1,000조 원)을 돌파했으며 매년 증가 추세에 있다. 머지않아 전체 소비 지출의 절반을 차지할 것으로 전망하고 있다.

미국에서도 시니어 비즈니스를 '장수 경제(Longevity Economy)'라고 부르면서 시장 경제의 한 축으로 인정하고 있다. '장수 경제'란, 50세 이상 미국인들의 모든 경제 활동을 아우르는 용어로서 그들이 구입하는 상품과 서비스, 그리고 본인을 포함한 부양가족과 자녀, 손자, 부모 세대를 위한 지출까지를 말한다.

강력하고 새로운 소비층이 된 미국의 시니어 1억 6,000만 명이 연간 7조 1,000억 달러(7,810조 원)에 달하는 소비 활동을 하고 있는데 2032년까지 13조 5,000억 달러(1경 4,850조 원)를 넘어 미국 GDP의 약 52%를 차지할 것으로 예상된다. 대략 1억 개의 일자리를 책임지고 있으며, 4조 5,000억 달러(4,950조 원) 이상의 임금, 1조 달러(1,100조 원)에 달하는 연방 세금, 7,500억 달러(825조 원) 이상의 주 및 지방 세수를 창출하는 것으로 알려지고 있다. 이러한 시니어의 증가는 미국 경제 전반에 걸쳐 순이익을 가져오고 기업들의 중요한 수익 창출을 견인할 것이다.[3]

---

2) '高齢者市場への取組みの進化に関する考察', 〈Mizuho Industry Focus〉 (Vol. 132, みずほコーポレート銀行), 2013

3) 〈Longevity Economy, Generating Economic Growth and New Opportunities for Business〉(Oxford Economics), AARP, 2010

거대한 인구, 즉 저렴한 인건비가 경제의 원동력이었던 중국을 특별히 주목할 필요가 있다. 중국은 30여 년간 유지했던 한자녀정책 때문에 인구구조가 왜곡된 상황이다. 고령의 부모가 4명, 일하는 젊은 부부가 2명, 손주가 1명인 역피라미드 인구구조가 지금의 중국이다. 2030년 60세 이상 인구가 전체 중국 인구의 25%에 달할 것이라고 예측하는 전문가들도 있다. 일각에서는 2060년 65세 이상 인구가 4억 명을 넘는다는 전망도 있다. 무서운 통계지만 그만큼 거대한 시니어 시장이 열린다는 뜻이다. 그 시장 규모가 2014년의 4조 위안(680조 원)에서 2050년 106조 위안(1경 8,020조 원)으로 확대되는 등 폭발적인 증가세를 보일 것으로 전망된다.

더 나아가 2035년이 되면 중국 고령화의 영향으로 전 세계 시니어의 약 30%가 한·중·일 3국에 거주할 것으로 예상하고 있다. 산업적인 측면에서 긍정적으로 보자면 어마어마하게 거대한 단일 마켓이 형성되는 것이다. 세계를 주름잡기 시작한 중국 대기업들도 이 내수 시장에 각별히 주목하고 있다. 그야말로 비즈니스의 기회이기 때문이다.

소비 주체의 대이동, 시니어 시프트 _____

은퇴하는 시니어가 늘어나고 생산 인구가 감소하면서 비즈니스의 주요 타깃이 젊은 층에서 시니어로 이동하고 또한 시니어들의 인식까지 변화하는 현상을 시니어 시프트(Senior Shift)라고 한다.

이 시니어 시프트가 기존 시니어와 확연히 다른 '뉴 시니어(New Senior)'의 등장으로 인해 비즈니스의 빅 시프트가 되었다.

뉴 시니어의 가장 큰 특징은 건강하고 활동적이며 아름답게 늙기를 원하는, 나이보다 젊게 살고 싶어 하는 액티브 시니어(Active Senior)라는 점이다. 그리고 과거 시니어들과는 달리 경제력이 뒷받침되어 소비 시장의 주류로 부상하고 있다는 특징도 있다.

기존의 시니어들은 빈곤율이 높고 노후 준비가 미흡해 소비 성향이 낮았지만 지금의 뉴 시니어들은 부양 대상에서 벗어나 적극적으로 소비를 주도하면서 문화를 창조하고 있다. 외식, 오락, 여가 및 문화 활동에 대한 지출이 높고 지속적이기 때문에 단일 마켓 형성을 넘어 꾸준히 시장을 확대시킬 것으로 전망된다. 이들은 의식주에 필요한 필수재적 소비만 하지 않고 삶을 가꾸는 일에도 지출을 아끼지 않는다. 과거처럼 자식들에게 올인(All In)하지 않는다. 사고방식, 생활 태도, 삶의 가치나 자아 인식에 있어서도 기존의 시니어들과 확연히 다르다. 나이는 숫자에 불과하다고 주장하며 신기술에 대한 어려움도 느끼지 않기 때문에 스마트 기기 사용에 익숙하고 인터넷, SNS를 활용해 손쉽게 정보를 습득한다.

소비 주체가 젊은 층에서 뉴 시니어로 대이동하면서 뉴 시니어들을 대상으로 하는 비즈니스 기회는 점차 늘어나고 있다. 그렇다면 어떻게 (뉴) 시니어를 이해하고 비즈니스 모델을 만들 것인가? 그들의 특성과 니즈를 잘 관찰하고 연구한다면 시니어 관련 상품, 서비스, 활동 등 비즈니스 아이템을 많이 발굴할 수 있을 것이다.

우선 일본의 액티브 시니어들은 고저축 및 저부채의 금융 패턴으로 경제적 여유가 있고 건강 수명이 늘어난 세대다. 이들이 본격적으로 인생 2막을 즐기는 때가 오자 시니어 관련 기업들은 이에 따른 경기 부양 효과를 기대하고 있다. 재빠른 일본 기업들은 이미 오래전부터 '노인'이라는 호칭을 버리고 '시니어'로 통일해 부르면서 시니어 마케팅을 펼치고 있다. 과거 노인들의 '노인이니까 노인 취급받는 것이 당연하다'라는 고정관념을 싫어하는 뉴 시니어들의 생각이 곧 비즈니스 콘셉트라고 판단했기 때문이다.

일본 뉴 시니어들의 소비 패턴은 크게 가치 지향적 소비, 탈(脫)시니어 소비, 건강 지향형 소비, 편리 지향형 등이다. 단체 여행보다는 나 홀로 여행이나 럭셔리 여행을 추구하고, 시니어 느낌이 나는 옷이나 화장보다는 컬러풀한 패션을 선호하며 편의점이나 온라인 쇼핑몰에서 소비를 많이 한다.

미국, 독일 등에서도 넉넉한 자산을 기반으로 풍요로운 노년을 보내는 뉴 시니어를 '그레이 달러(Gray Dollar) 세대'라고 부르며 소비 시장의 새로운 성장 동력으로 보고 있다. 중국에서도 부동산, IT분야에서 신흥 부자가 된 시니어들의 소비력이 어마어마해 시장을 선도할 것으로 보고 있다.

그렇다면 한국의 상황은 어떨까? 50세 이상 인구가 전체 인구 (약) 5,179만 명(2018년 5월 기준) 중 (약) 1,942만 명으로 (약) 37%이며 매년 60만 명 이상씩 증가하고 있는 추세다. 이들 중심에는 712만 명의 1차 베이비 붐 세대가 있으며 한동안 우리 사회의 주류 구성원으로 활동할 것으로 예상된다.

기업이라면 50대 중후반이 주(主)를 이루고 있는 뉴 시니어에 주목할 필요가 있다. 시니어를 놓치면 시장의 대부분을 잃는 것과 마찬가지가 될 것이기 때문이다. 액티브 시니어가 몰고 올 새로운 트렌드를 파악하고 미래를 준비해야 한다. 이 그룹이 장수 시대의 주인공으로서 향후 시니어 시장의 코어(Core) 소비자가 되는 동시에 시니어 산업의 역군이 될 것이기 때문이다.

한국의 뉴 시니어들은 은퇴 후에도 은퇴하고 싶어 하지 않는다. 사실 마음 놓고 은퇴할 수가 없다. 어떤 일이라도 일거리만 있다면 하고 싶어 하는데 만일 그 분야가 시니어 비즈니스라면 충분히 활동 주체로서 제 역할이 가능하다. 그 어떤 세대보다 시니어의 마음을 가장 잘 알고 있기 때문에 또 다른 시니어 응대는 물론이고 관련 신상품 개발도 가능하다. 기업은 이들을 활용해 시장을 개척할 필요가 있다.

그렇다면 한국 기업들은 지금 어떤 준비를 하고 있을까? 빠른 속도로 초고령사회에 다가가고 있는 한국의 시니어 시프트는 어디까지 진행되고 있을까? 과연 한국의 시니어 비즈니스는 찬스를 맞이하게 될까?

한국 시니어 비즈니스의 미래는 낙관적일까?

시니어 산업이 21세기 최대 유망 업종 중 하나인 것은 재론의 여지가 없다. 우리나라도 예외가 아니다. 한국보건산업진흥원은 시니어 시장의 규모가 2010년 33조 원에서 2020년 125조 원까지 성장할 것으로 전망하고 있다.[4]

정부도 시니어 비즈니스를 통해 국민 생활의 질을 향상시키고 지방 경제를 활성화하겠다는 목표를 세우고 있다. 기업을 독려하면서 신성장 동력으로 육성하자는 목소리도 높이고 있다. 하지만 아직까지 이렇다 할 성공 사례가 나타나지 않고 있다. 정부, 기업 모두 시니어 세대에 대한 이해가 부족하고 니즈에 대응할 준비가 미흡했기 때문이다. 역설적이지만 준비가 미흡한 지금이야말로 시니어 비즈니스의 글로벌 트렌드를 연구하고 우리 실정에 맞는 준비를 해야 할 때라고 할 수 있다.

해외에서는 이미 오래전부터 시니어 고객의 니즈에 맞춰 상품을 개발하고 사업을 펼치고 있다. 자금이 풍부하든, 아니든 간에 타깃 고객이 시니어로 바뀌면서 시장 조사, 상품 개발, 마케팅 전략 등을 재정립하고 조직을 개편하는 기업이 늘고 있다. 그 중에서도 역시 일본의 사례를 주목할 필요가 있다. '고령화 과제 해결 선진국'으로서 세계 시니어 산업을 이끌고 있기 때문이다. 사실 미래를 위한 정책을 수립하려는 일본 정부와 진취적인 기업이 지속적으로 투자했기 때문에 일본의 시니어 시장 규모가 커질 수 있었다. 더 나아가 젊게 살고자 하는 액티브 시니어의 역할이 바탕에 깔려있기 때문이

---

4) 〈고령 친화 산업 실태조사 및 산업 분석〉, 한국보건산업진흥원, 2012

기도 하다. '기업, 정부, 시니어'라는 3개의 톱니바퀴가 잘 맞물려 고령화 위기를 극복하면서 비즈니스 기회로 발전시키고 있는 것이다. 이제 일본 정부는 한발 더 나아가 복지, 연금, 의료, 요양, 노동 시장 등 고령화과제를 해결하면서 축적된 경험과 노하우를 해외에 수출하겠다며 나서고 있다. 미국, 한국, 중국, 유럽 등에 어마어마한 시니어 시장이 존재하기 때문에 미리 선점하려는 것이다.

시니어 시장은 좀처럼 줄어들지 않는 미래 먹거리 사업이기 때문에 모든 글로벌 기업이 눈독을 들이고 있다. 그들이 시장을 선점하기 전에 우리도 서둘러야 한다. 우리 기업들도 지리적·문화적 공통점을 활용해 동아시아의 시니어 비즈니스 발전을 상호 도모하고 시장 진출을 강화해야 한다. 만일 통일한국의 시대라도 열린다면 지리적 이점으로 인해 한국이 시니어 시장의 중심이 될 수 있다. 시니어 시장에서도 한류 열풍이 불 수 있다는 뜻이다.

동서양을 막론하고 진행 중인 인구 고령화 추세 속에서 비즈니스 기회를 찾아야 하는 것은 너무나 당연하다. 이윤을 목적으로 하는 기업이라면 글로벌 시니어 시장을 염두에 두고 마케팅 플랜(Plan)을 짜야 한다. 그리고 해외 성공 사례를 벤치마킹하고 실패 사례를 반면교사로 삼아야 한다. 예를 들어, 일본 시니어 시장의 4대 소비 패턴인 가치, 유행, 건강, 편리를 벤치마킹해 우리 실정에 맞는 비즈니스 아이템을 찾아 개발할 필요가 있다.

차가운 바다에 뛰어드는 퍼스트 펭귄(First Penguin)은 승자가 될 것이고, 미투 전략을 사용하는 기업은 영원히 2인자라는 틀에서 벗어나기 힘들 것이다. 그리고 뒤에서 팔짱 낀 사람은 곧 퇴출될 것이다. 정부 역시 철저한 해외 사례 분석을 통해 한국형 시니어 정책을 수립해야 한다. 부처별, 지자체별로 흩어져 있는 정책을 알기 쉽게 시니어들에게 전달하고, 기업들이 시니어 산업 R&D(Research and Development, 연구 및 개발)에 투자할 수 있도록 독려해야 한다.

시니어들은 '내가 이 나이에 무슨!'이라는 안일한 생각을 버리고 사회의 일원으로서 산업 발전의 한 축이 되려고 노력해야 한다. '나는 돌봄의 대상인 약한 존재이며 언제 죽을지도 모르는 불쌍한 존재다. 따라서 어른으로 대우를 받아야 한다'라는 생각을 버리고 젊은 세대와 교류하고 소통하려는 자세가 필요하다. 이러한 문화가 정착되면 시니어 비즈니스도 더욱 발전할 것이다.

라이프 단계별 니즈의 변화에 대응하라 _____

시니어 시장을 구체적으로 공략하려면 시니어그룹을 좀 더 구체적으로 분석해야 한다. 타깃, 즉 시니어의 범위를 명확히 할 필요가 있는 것이다.

시니어 시장의 타깃이 65세 이상의 노인이라고 쉽게 생각하는데 이는 너무 단순한 셈법이다. 시니어 마케팅 전략을 세울 때 무 자르듯이 연령대별로 구분해서는 승산이 없다. 65세 이상을 고령자로 판단하는 기준은 1956년에 발표된 유엔의 보고서 때부터 생겼다. 바뀔 때가 벌써 지났다.

대한노인회는 2015년에 노인의 연령 기준을 65세에서 70세로 올려야 한다는 제안을, 일본노년학회는 2017년에 고령자 기준을 75세로 상향 조정하자는 제안을 했다. 초고속으로 진행되는 고령화로 인해 생산 가능 인구가 줄어드는 만큼 시니어들이 (재)취업하기 쉽게 만들어보자는 취지다. 나아가 예비 고령자(50~64세), 준고령자(65~74세), 고령자(75~89세), 초고령자(90세 이상)로 시니어의 라이프 단계를 구분하자고 제안했다. 이와 관련해 필자는 예비 고령자와 준고령자는 자립 생활기, 고령자는 건강 쇠퇴기, 초고령자는 요양 생활기로 다시 구분했다. 많은 시니어가 70대 전반까지 건강하게 '자립 생활기'를 보내다가 70대 후반부터 서서히 허약해지면서 '건강 쇠퇴기'를 맞이한다. 그 이후에는 다른 사람의 돌봄이 필요한 '요양 생활기'에 접어든다.

'자립 생활기'는 중장년기와 비슷한 시기라서 5력(체력, 지력, 재력, 기력, 정력)을 유지되는 라이프 단계다. 그래서 완전한 은퇴 생활보다는 세컨드 라이프에 대한 니즈가 높다. 재취업이나 창업을 원하는 경우가 많고 삶의 보람을 찾아 봉사 활동을 펼치는 등 적극적인 시니어가 많은 시기다. 당연히 일자리 창출과 창업을 위한 교육이나 생애 학습의 인기가 높다. 노화 예방과 건강 유지를 위해 피트니스센터, 건강 마사지, 건강 노래방, 안티 에이징 등에 대한 요구도 높고 취미와 여가를 즐길 수 있는 시니어들을 겨냥한 다양한 시장이 형성되고 있다.

'건강 쇠퇴기'에는 신체가 허약해지고 감각 기능이 떨어지면서 누군가 자신의 불편, 불만, 불안을 해소해주기를 원한다. 자산 운용 서비스, 소형 가전제품, 배리어 프리 주택, 치매 예방 등에 대한 요구가 높아진다. 한편으로 자유 시간이 더 많아지면서 생활을 즐기고 싶어 한다. 그래서 유유자적 여행, 시니어 카페, 손주 마케팅 등의 인기가 높다.

'요양 생활기'는 병원이나 요양 시설보다 지금까지 살아온 지역과 자택에서 마지막까지 생활하고 싶어 하는 고령자가 많아지는 라이프 단계다. 살던 지역에서 나이 드는 것을 실현해주기 위해 도움을 주는 방문 요양, 데이케어 서비스, 복지 용품 대여 등 재가 요양에 대한 수요가 늘어난다. 이 단계의 시니어들을 위해 집에서 다른 사람의 도움을 받을 수 있는 생활 지원 서비스와 최후를 준비하는 엔딩 산업이 발전하고 있다.

최근에는 시니어를 좀 더 세분하자는 의견이 있다. 예를 들어, '갭 시니어(Gap Senior)'가 그 세분화의 결과물이다. 일본종합연구소는 거동이 불편한 시니어와 건강한 시니어 간의 중간 상태에 있는 시니어를 갭 시니어라고 정의하면서 액티브 시장과 장기 요양 시장의 가교역할을 할 시니어로 보고 있다. 그 가교가 또 하나의 틈새 시장이다. 예를 들어, 시니어가 장기 요양 등급 판정을 받으면 다양한 서비스를 이용할 수 있고 케어 매니저를 통해 필요 정보를 입수할 수 있다. 하지만 갭 시니어는 서비스와 정보에서 소외되어 있다. 따라서 이들을 대상으로 동반 여행, 치매 예방 교육, 가사 지원, 식사 배달 서비스 등을 제공한다면 새로운 시장을 창출할 수 있다. 기업의 입장에서는 간병 예방 서비스를 이용하던 시니어가 거동이 불편해지면 그대로 장기 요양 서비스를 받을 수 있기 때문에 자연스럽게 고객 확보로 이어지므로 이득이다. 일본종합연구소는 그 대상이 1,200만 명 정도에 달하는 것으로 보고 있다.

[고령기 구분 및 시니어 시장 유형]

연령	50~64세	65~74세	75~89세	90세 이상
명칭	Pre-Older 예비 고령자	Young Older 준고령자	Middle Older 고령자	Old Older 초고령자
단계 구분	자립 생활기		건강 쇠퇴기	요양 생활기
시니어 시장 유형	액티브(Active) 시장			장기 요양 (Long Term Care) 시장
		갭(Gap) 시장		

• 주: 필자 작성

한편 건강에 따른 라이프 단계도 있다. 도쿄건강장수의료센터연구소, 도쿄대학교, 미시간대학교가 1987년부터 20여 년간 3년마다 60세 이상 남녀 약 6,000명을 대상으로 건강 상태, 생활 습관, 인간관계, 경제 상태 등의 변화를 조사했는데 자립도가 변화하는 패턴이 매우 흥미로웠다.

남성의 경우 3가지 패턴이 두드러졌다. 19%가 70세 이전에 사망 또는 중중의 요양 상태에 들어가고 11%는 80세 넘어서도 건강하게 자립하고 있었다. 나머지 70%는 75세 무렵부터 서서히 자립도가 떨어졌다. 여성은 2가지 패턴을 보였다. 12%가 70세 이전에 사망하거나 중중 요양 상태에 들어가고 나머지 88%는 70세 무렵 때부터 서서히 자립도가 저하하는 것으로 나타났다.[5] 결과적으로 시니어라고 해서 모두 허약하거나 질병 때문에 어려움을 겪는 것이 아니라 80% 정도는 자립 생활이 가능한 건강 시니어라는 것을 알 수 있었다. 이런 결과를 반영해 최근 시니어 시장의 타깃도 장애 및 요양 중심에서 보통 고령자를 위한 시장으로 이전되고 있는 추세다. 건강하고 활동적인 고령자그룹인 액티브 시니어가 새로운 소비 주체로 부상하자 이들을 대상으로 한 소비 시장에 점점 관심이 커

[시니어 자립도 변화 패턴]

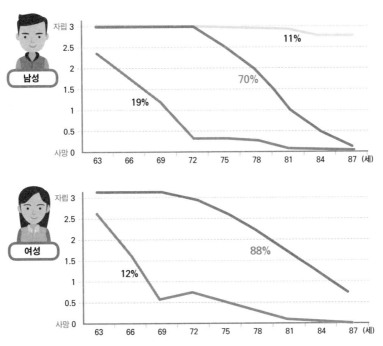

• 주: 전국 고령자 20년 추적 조사(n=5,715명)
• 출처: '長寿時代の科学と社会の構想', 〈科学〉(秋山弘子), 岩波書店, 2010

5) 貝塚啓明編著, 《持續可能な高齢社會を考える》, 中央經濟社, 2014

지기 시작한 것이다.

　백인백색 시니어 시장, 세분화 전략으로 공략 가치관과 건강 상태에 따라 시니어도 백인백색(百人百色)이다. 기존에는 시니어 마케팅 대상을 간병이 필요한 시니어와 간병이 필요하지 않은 시니어로 뭉뚱그려 분류해왔다. 하지만 이제는 시장 규모가 커지면서 소비자를 세분화하는 등 좀 더 미시적으로 보고 있다. 다양한 소비자 니즈에 따라 시장을 세분화해야 할 필요성이 대두된 것이다.

　시니어 시장은 획일적인 시장이 아니라 수없이 많은 하위 세부 집단으로 구성된 거대한 시장이다. 시장의 구성원들 개인마다 건강 상태, 가족 구성, 경제력, 라이프 스타일, 가치관 등이 다르기 때문에 정확한 실체를 파악하기 어렵다. 젊은 시절에 접한 환경, 직장, 가족, 결혼은 물론이고 중장년이 되면서 경험한 이혼, 졸혼, 은퇴, 병력, 손주 탄생 등이 개인의 가치관에 영향을 미친다. 이런저런 이유 때문에 시니어의 소비 패턴은 다를 수밖에 없는 것이다. 일본에서는 이 시장을 '다양한 마이크로 시장의 집합체'라고 정의했다.

　일본응용노년학회 시바다 이사장의 '고령자 생활 기능 분포 모델'에 따르면 일상생활 기능에 '요양이 필요한 사람'이 5%, 부분적인 지원이 필요한 '허약한 사람'이 15%이며 나머지 80%는 자립할 수 있는 사람으로 나뉜다. 고령자는 거의 약자이며 도움이 필요하다는 이미지와 현실 간에 큰 차이가 있다.[6]

---

6) 柴田博,《スーパー老人の秘密》, 技術評論社, 2006

닛세이기초연구소 마에다 연구원은 시니어 시장을 '1:8:1'의 비율로 3등분해 설명하고 있다. 표준 분포도의 오른쪽 10%는 '부유한 시니어(시장)'이며 왼쪽 10%는 다른 사람의 지원이 필요한 '가난한 시니어(시장)'다. 나머지 80%가 '보통 시니어(시장)'다.

양쪽 10% 시장은 니즈가 확실해 기업이 공략하기 쉬우며 시장이 확대되고 있는 추세다. 80%의 보통 시니어(시장)은 상대적으로 니즈를 파악해 특화하기 어려워 기업들이 아직 미개척한 분야다. 그러나 새로운 가치관과 생활양식을 가진 뉴 시니어가 증가하고 있어 앞으로 기대되는 시장이기도 하다.[7]

[시니어 자산 및 신체 분포에 따른 시장 개념도]

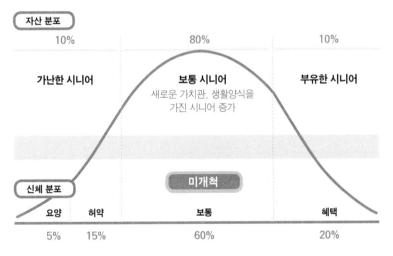

• 주: 시바다 히로시의 《슈퍼 노인의 비밀》, 일본응용노년학회(편저)의 《제론톨로지입문》 등을 참조해 필자가 작성

7) 貝塚啓明編著, 《持續可能な高齡社會を考える》, 中央經濟社, 2014

한편 미즈호코퍼레이트은행은 고령자 시장의 80%를 차지하는 액티브 시니어층을 세분화할 필요성이 있다고 제시했다. 건강한 액티브 시니어 중에서 요양 상태에 들어갈 가능성이 높은 시니어를 중간 시니어층으로 분류하면서 '메자닌 시니어(Mezzanine Senior)'라고 정의했다. 이 중간층이 액티브 시니어의 30~40% 정도를 차지할 것으로 보고 있다. 이들은 심신의 기능 저하를 인식해 건강에 대한 관심이 매우 높고 건강 상태 유지 및 개선을 위한 상품과 서비스에 대한 니즈가 많다. 질병 예방과 간호 등 신체적 케어로 심신의 건강을 유지하면 의료비, 간병비 등 사회 보장 비용을 억제할 수 있는 계층이다. 앞으로 단카이 세대의 고령화로 메자닌층이 늘어날 것이기 때문에 업계에서는 적절한 상품과 서비스 제공이 중요하다고 보고 있다. 참고로 일본의 사회적 문제를 얘기할 때 빼놓을 수 없는 '단카이 세대(団塊の世代)'란, 2차 대전 이후 1947~1949년 사이에 태어난 베이비 붐 세대를 말하는데 일본 고도 성장기의 주축이었으면서 사회 전반에 막강한 영향력을 행사한 그룹이다.

이벤트와 관계 지향적인 상품에 주목한다 시니어 시장이 황금알을 낳는 거위 같다면서 단순히 물건을 파는 식으로 접근해서는 곤란하다. 요즘 시니어들은 자신의 앞날을 대비해 가치 있는 상품과 서비스를 구매하는 식의 미래 지향적이면서도 긍정적인 소비 패턴을 보이고 있다. 물건을 소유하기 위해 돈을 쓰는 것보다 관계를 맺고 가치를 체험하는 이벤트에 지출하고 싶어 하는 것이다. 이처럼 소비 패턴이 소유 가치(물건, 物)에서 사용 가치(사건, 事)로 변하면서 기업의 사업 아이템도 다변화하고 있다.

시니어들은 노후를 즐기기 위한 이벤트로 여행이나 외식을 선호하는데 만일 사업 아이템을 찾는다면 복수의 이벤트를 조합하는 것이 좋다. 거기서 '시너지'라는 가치가 형성되기 때문이다. 예를 들어, 단순히 보고 즐기는 여행보다 역사나 음식 등의 테마를 정한 교육 여행이 좀 더 상품성이 있다. 같은 요리교실이라도 건강에 좋은 식습관이나 외국의 정통 코스요리를 배울 수 있는 이벤트가 포함되어 있다면 한층 더 인기를 끌 수 있다.

미래를 염두에 두고 역산(逆算)하는 '뺄셈 소비'를 지향한다. 시니어들은 자신의 건강 상태가 나빠지면 '앞으로 몇 년이나 더 살 수 있을까?', '앞으로 몇 번이나 더 여행을 할 수 있을까?' 등의 문제를 어쩔 수 없이 생각하게 된다.[8] 그래서 나이를 더 먹기 전에 고급 스포츠카를 구입하거나 이코노미석에서 업그레이드한 비즈니스 클래스석 등으로 비행기를 타고 유럽 여행을 하는 등의 과감한 소비를 한다. 경제적인 여유가 있어서라기보다 남은 수명에 여유가 없기 때문이다. 마지막 기회일지 모르기에 과감히 지갑을 여는 것이다. 그것이 가치가 있는 이벤트라고 보기 때문이다.

또한 시니어들은 관계 지향적이다. 혼자 늙어가는 것을 싫어한다. 노후를 함께 보내고 싶은 사람이 누구인지 물으면 대부분 부부나 친구를 선택하는데 그 중에서도 남자는 아내를, 여자는 친구를 원

---

8) ビデオリサーチひと研究所,《新シニア市場攻略のカギはモラトリアムおじさんだ！》, ダイヤモンド社, 2017

하는 경우가 많다.

소비 패턴에서도 관계 지향적인 성향이 나타난다. 소비 행동과 만족도에 반려자, 자녀, 손주, 친구 등과 맺고 있는 관계가 영향을 준다. 일명 '네트워크 소비'다. 실제로 친구가 많은 사람일수록 신상품소비에 적극적이다. 친구를 통해 상품 정보를 입수하는 경우가 많기 때문이다. 그래서 친구와 함께 떠나는 여행은 시니어들에게 필수적이다. 친구가 입고 있는 아웃도어 브랜드에도 관심이 많다. 친구의 손에 이끌려 친구가 추천하는 옷을 사는 경우도 많다.

고독감 속에서 정서적인 안정을 추구하기 위해 반려동물이나 식품을 기르는 것 역시 네트워크 소비라고 할 수 있는데 최근에는 증가 추세다. 반려동물과 네트워크를 형성한다는 것은 밥을 챙겨주고산책을 시키면서 운동도 하고 규칙적인 생활을 한다는 의미이기 때문에 시니어들에게 긍정적인 효과가 있다. 반려동물을 단순히 동물이라고 보지 않고 삶의 반려자라고 보는데 특히 일본에서 이런 경향이 강하다.

이처럼 시니어들에게 가치 있는 이벤트 상품을 개발하는 것, 네트워크 및 커뮤니티를 통해 상품과 서비스를 확대하는 것이 시니어비즈니스 마케팅에 매우 유효한 수단이 될 것이다.

노년학을 중심으로 한 민관 협치 한국에 적합한 시니어 비즈니스의성공 모델을 만들기 위해서는 기업의 노력만으로는 부족하다. 노년학(Gerontology)에 입각한 민관 협치(Collaboration)가 필요하다. 정부, 지자체, 시민, 대학, NPO(Non Profit Organization, 비영리 민간

단체) 등이 함께 해결하려는 공동 협업이 무엇보다 중요하다. 서로 다른 입장에 있는 관계자들이 경험과 가치관을 공유해 한 방향으로 협업해야 하는 것이다.

지금 정부는 시니어 라이프를 지원하기 위해 연금 개혁, 정년 연장, 일자리 창출 및 창업 지원 등 다양한 정책을 진행하고 있다. 노후 생활의 불안감을 해소하고 삶의 질을 높이기 위한 대안이지만 아직 갈 길이 멀다. 여전히 시니어 비즈니스를 의료나 요양 중심으로 접근하는 복지 프레임에 갇혀 있기 때문이다. 복지보다는 투자의 개념으로 접근해야 기업의 참여를 유도할 수 있다. 기업이 신성장 동력으로 시니어 비즈니스에 투자하도록 규제를 완화하고 지원해야 한다.

기업이 시니어 비즈니스에 진출하려면 우선 시니어 계층을 '소비자'로 정확하게 인지하고 타깃으로 삼아야 한다. 시니어와 다양한 방법으로 커뮤니케이션을 하면서 의견을 경청할 필요가 있다. 정말 필요한 것이 무엇인지 다양하게 파악해야 한다. 단지 소비자로만 보지 말고 풍부한 경험과 지혜를 살려서 기술 개발과 시장 확대의 참여자로 만드는 것도 한 방법이다.

시니어에게 새로운 상품을 인식시키기 위해서는 많은 시니어를 연결하는 네트워크를 구축해 정보를 전달하는 체계가 필요하다. 현재 뉴 시니어들은 대부분 인터넷과 스마트폰을 이용하므로 SNS 등으로 커뮤니티를 만들어 정보를 교환하는 것도 가능하다. 충성도를 높이는 효과가 기대된다.

기업의 시니어 마케팅 담당자들을 포함한 시니어 비즈니스 종사자들은 시니어를 이해하는 데 매우 어려움을 느낄 것이다. 당연하다. 종사자들 거의 대부분이 젊은 층이기 때문이다. 직접적인 시니어 관련 경험이 없기 때문에 머리로만 상상하거나 조부모, 부모, 친척, 상사 등 주위 사람을 통해 시니어의 모습을 그려볼 뿐이다. 하지만 그 주위 사람들은 개인차가 크고 시니어 전체를 대표하지도 않는다. 결과적으로 한정된 시니어에게만 주목하게 되면서 시니어의 실태를 정확히 파악하지 못하는 실수를 범하게 된다. 시니어를 알기 위해서는 총체적인 접근과 전문적 학습이 필요하다.

이와 관련해 학계의 역할이 중요하다. 최근 고령화과제를 해결하는 방법으로 각광을 받고 있는 것이 노년학이다. 고령화가 연구 대상이고 나이가 들면 나타나는 심신의 변화를 관찰하면서 고령사회에서 발생하는 개인과 사회의 다양한 과제를 해결하는 것이 학문의 목적이다. 고령화 선진국인 미국과 일본에서는 노년학에 대한 교육과 연구가 활발히 이뤄지고 있다. 강의실이나 연구실뿐만 아니라 현장에서도 부딪히며 정보를 얻고 있다. 몸으로 경험하는 실천적 성격의 학문이다. 특히 노년학을 금융·보험분야에까지 확장한 금융노년학(Financial Gerontology)의 도입 필요성이 강조되고 있다. 금융 종사자들이 노화와 시니어를 이해하고 고령사회에 대한 전문지식을 습득해 고객들에게 필요한 상품 개발과 좀 더 나은 금융 서비스를 제공하기 위해서다.

지금 세계적으로 정부, 지자체, 시민, 대학교, NPO, 기업 간의 밀

접한 연계를 통해 고령화문제를 해결하기 위한 구체적인 움직임이 일어나고 있다. 이렇게 공통의 가치를 갖고 협업을 위한 활동 기반 형성의 중심에 노년학이 있다.

8장 여행 및 유학

9장 패션 및 유통

10장 장수 시대의 미래 설계

건강 관리

시니어가 되면 가장 먼저 신경 쓰이는 것이 '건강'이다. 따라서 시니어를 위한 건강 관리 상품이야말로 시니어 비즈니스 1순위라고 할 수 있다. 일본 등 고령화 선진국에서는 시니어를 위한 다양한 아이템이 존재한다. 시니어 전용 피트니스부터 IT 기술을 활용한 건강 관리, 오락을 통한 건강 유지, 저렴한 비용으로 스스로 건강을 확인하는 셀프 관리 등이 그것이다. 노인성 질병 중에서는 특히 치매와 관련된 건강 관리 상품이 많다.

일본의 후생노동성이 5년마다 전국 남녀를 대상으로 조사해 발표하는 '전국 지역별 수명표(2015년 기준)'에 따르면 장수의 비결은 봉사 활동과 운동이었다. 반면 단명의 원인은 알코올과 나트륨 섭취에 있었다. 술과 짠 음식을 줄이고 운동과 꾸준한 사회 활동이 장수의 답인 것이다. 그 중에서도 제일 우선적으로 관심을 가져야 하는 것이 '운동'이다.

초고령사회를 맞이한 일본에서 피트니스센터는 더 이상 젊고 건강한 사람들만의 전유물이 아니다. 오히려 청년층이 점점 줄어들고 단카이 세대를 중심으로 한 고령층이 증가하고 있다. "노인의 삶은 연금과 근육이 결정한다", "근육 저금, 근육 잔고"라는 신조어와 함께 근육을 강화하는 시니어용 프로그램도 속속 등장하고 있다. 이러한 변화를 증명이라도 하듯이 일본 유명 피트니스 체인인 센트럴

스포츠 회원 41만 명 중 38%가 50세 이상이다. 시니어들이 피트니스센터를 커뮤니케이션 장소, 사교의 장으로도 활용하고 있기 때문이다. 시니어들이 지역사회나 건강한 삶으로부터 소외되지 않기 위해서 집을 나와 피트니스센터로 향하고 있는 것이다.

하지만 주요 고객인 단카이 세대가 70세를 넘어서고 있다. 이제 피트니스센터에서 운동을 하고 싶어도 도저히 다닐 수 없는 나이가 되었다. 특히 단카이 세대 대부분이 후기 시니어가 되는 2025년에는 고령화율이 30%를 넘어서고 간호가 필요한 시니어가 700만 명이 될 것으로 전망하고 있다. 그래서 일본 피트니스업계는 장기 요양 시설 내에 센터를 개설하거나 지자체 개호 예방 사업을 수탁하는 등 다양한 대응책을 강구하고 있다. 초고령사회가 급속히 진전되고 있는 일본에서는 개호 비즈니스의 역할이 매우 중요하다고 인식하고 있다['개호(介護)'란, 장애가 있어 남의 도움이 필요한 상태 또는 그 환자를 곁에서 돌봐준다는 의미를 갖고 있다. 그리고 '요개호(要介護)'란, 개호가 필요하다는 의미다. 간호(看護)나 간병(看病)이라고 할 수 있다. 다소 생소한 단어지만 본문에서 일본 사례나 상품을 소개할 때에는 원활한 내용 전달을 위해 사용하려고 한다. 또한 '개호보험'이란, 개호가 필요한 사람을 위해 실시하고 있는 간병보험을 말한다. 우리나라의 노인장기요양보험과 비슷하다고 보면 된다. 일본은 의료보험비 중 노인의료비가 차지하는 부분이 1995년 31%에 육박한 적이 있다. 그래서 일본 정부는 2000년 4월 노인을 위한 전문보험인 개호보험을 도입해 의료보험과 별도로 구분해놓고 있다. 일본의 개호보험은 보건 의료 서비스와 복지 서비스가 연계되어 있고 시니어에 대한 종합적 요양 서비스를 제공하고 있다].

일본의 피트니스업계 47%를 점유하고 있는 매출 상위 5개사(코나미, 센트럴스포츠, 르네상스스포츠클럽, 딥네스, 코시다카홀딩스) 등이 제공하고 있는 시니어용 피트니스 프로그램의 특징은 다음과 같다.

두뇌에도 근육이 필요한 시기

Open(열림), Youth(젊음), Zip(활력)의 앞 글자를 따서 이름을 지은 코나미스포츠클럽의 오이즈(www.konami.com/sportsclub/oyz)는 60세 이상의 시니어 세대가 운동을 통해 활기차고 즐겁게 생활하는 것, 건강으로 자아를 찾는 것, 새로운 친구들과 교류해 잠자고 있던 젊음과 활력을 일깨우는 것을 목표로 하고 있다. 오이즈운동스쿨에서는 시니어들의 팔다리 근력을 강화시켜주는 기본코스 외에 두뇌 활성화코스가 있다. 계단 걷기 등의 유산소운동을 하면서 리듬에 맞춰 팔다리를 움직여 억지로라도 두뇌를 사용하게 하는 운동법이다. 3분 정도의 운동을 반복해 총 20분 동안 체력에 맞는 두뇌 훈련을 하면 치매뿐만 아니라 운동 기능 저하 및 대사 증후군 예방 효과도 높일 수 있다. 이처럼 시니어는 두뇌에도 근육이 필요한 시기인 것이다.

지자체에 지역 지원 사업을 제안하기도 한다. '시니어 건강 만들기' 프로그램을 위탁받아 피지컬 테라피스트(Physical Therapist), 간호사, 영양관리사, 건강운동지도사가 검수한 운동 기능 향상, 운동

기능 저하증후군 예방, 구강 기능 향상, 치매 예방 등의 프로그램을
실시하고 있다.

치매 예방에 초점을 맞추다 _____

르네상스스포츠클럽(www.s-re.jp)은 1979년에 창업해 일본에서
전국적으로 130여 개의 스포츠클럽을 운영하고 있다. 피트니스업
계가 젊은 여성을 타깃으로 했던 시기에 시니어를 조준했다. 1994
년에 선구적으로 60세 이상이면 할인해주는 시니어 회원제를 시작
해 현재 회원의 절반이 50대 이상이다.

건강 프로그램은 두뇌 훈련 운동, 밸런스 운동, 근력 향상 운동을
중심으로 구성되어 있다. 이 중에서 두뇌 훈련 운동은 반응력, 반응
속도, 뇌혈관 흐름을 활발하게 하는 훈련이며 치매 예방에 초점을
맞추고 있다.

개호 예방을 피트니스센터가 하다 _____

1969년에 설립한 센트럴스포츠(www.central.co.jp)는 건강 산업
의 선구자 같은 피트니스센터다. 재활부터 치매 예방까지 폭넓은
서비스를 제공하고 있다. 세계적인 선수 육성을 목표로 수영교실과
체조교실 등의 스쿨 사업으로 시작했다가 피트니스, 레저 등으로
다양하게 확장해 전개하고 있는데 특히 '개호 예방 서포트 사업'으

로 주목받았다. 지난 10년간 30세 이상 회원이 전체 48%에서 26%로 줄었고 60세 이상이 18%에서 37%로 늘어난 것을 보면 개호 예방에 대한 니즈가 높은 시니어층이 증가하고 있음을 알 수 있다. 이에 발맞춰 개호 예방을 특화한 데이케어센터를 운영하면서 근력 향상 및 낙상 예방을 위한 출장 지도를 하고 있다.

3장에서 더 자세히 설명하겠지만 '데이 케어(Day Care)'란, '주간 보호'를 말하는데 장애가 있는 시니어를 일몰 전까지 보호하는 서비스다.

개호 예방 프로그램 도입에 필요한 기자재 측정, 시설 설계, 계획 수립, 연간 스케줄 작성 등을 거쳐 시설 내 직원이 운동 지도를 할 수 있도록 연수까지 지원한다. 한편 시니어를 대상으로 하는 운동 지도법을 배우고자 하는 사람들을 위한 개호 예방 운동지도원 육성강좌를 개설해 현장 인력을 배출하고 있다. 또한 피트니스센터를 시니어의 사교장으로도 이용하는 종합형 클럽을 지향하고 있다. 스포츠 외에 영어회화, PC교실 등을 운영하고 여행업을 허가받아 1일 워킹투어, 호놀룰루 마라톤투어, 마스터 수영대회 등을 개최하고 있다.

여성을 우대하다

코시다카홀딩스는 2005년부터 세계 최대 여성 전용 피트니스센터인 미국의 커브스 콘셉트를 도입해 운영하고 있다(www.curves.co.jp). '여성 전용, 샤워장 없이 운동 시간 30분'이라는 특화된 콘셉트로 운동과 거리가 멀었던 여성을 공략했다. 그 결과, 피트니스 시장이 어려워졌을 때에도 매년 점유율이 늘어났고 10여 년 만에 회원 70만 명, 점포 수 1,700개를 돌파했다.

이용자는 50대 이상이 84%, 60대 이상이 58%이며 시니어도 손쉽게 이용할 수 있는 프로그램을 운영하고 있다. 특히 여성의 신체적 특성을 고려한 '30분 순환 운동법'이 특징이다. 근력 훈련과 정형화된 스트레칭이 30분 안에 끝나는 프로그램인데 기존 운동법보다 유산소 운동 효과가 3배 더 높다. 커브스는 1992년 텍사스에서 처음 선보였는데 여성 대부분이 빠르고 효율적이며 편안한 환경에서 운동하고 싶어 한다는 점에 착안해 시작된 여성 전용 클럽이다. 임대료와 운영비를 줄이기 위해 남성을 위한 운동 기구나 샤워 시설을 배제한 것이 특징이다. 전 세계 90개국에서 운영 중이며 국내에도 전국 350여 개 매장이 있다. '마네키네코'라는 이름으로 노래 연습장 체인 사업까지 진출했다.

시니어를 위해 디자인된 운동 프로그램

토큐스포츠오아시스(www.sportsoasis.co.jp)는 도쿄를 중심으로 약 40개 점포를 갖고 있으며 60세부터 시작하는 '시니어를 위한 건강 만들기 프로그램'을 운영하고 있다. 시니어에게 필요한 밸런스 능력, 근력 유지 향상, 인지 기능 향상에 효과적인 프로그램을 폭넓은 연령층에게 제공한다. 더 나이를 먹은 뒤에도 일상 동작을 편하게 할 수 있도록 미리 준비하는 준비코스와 목과 허리 통증 등 불편한 사람을 위한 정비코스가 있다.

2006년부터는 시니어 전용 스튜디오인 신주쿠 액서사이즈 룸을 개설해 교통이 편리한 위치에 원 플로어로 안심·안전 프로그램을 제공하고 있다. 시니어들이 안심하고 운동할 수 있는 안전 시설을 설치하고 시니어 전문 트레이너가 안전하고 효과적인 프로그램을 진행한다. 운동을 못하는 사람도 가볍게 배울 수 있는 태극권이나 요가교실도 운영한다. 같은 세대의 참가자들이 서로 안심하고 친구를 만들 수 있는 커뮤니티 만들기에도 힘쓰고 있다.

지루한 운동에 재미있는 상황극 접목 _____

웰니스프론티어(https://wellness-frontier.co.jp)는 오카모토그룹의 자회사로 피트니스클럽 조이피트(Joyfit)와 개호 예방 피트니스 조이리허(Joyreha)를 프랜차이즈 방식으로 운영하고 있다. 조이피트는 일반적인 월 회비제도 외에 회비 없이 6~10분에 100엔(1,000원)인 시간 종량제도 운영하고 있다. 젊은이부터 시니어까지 다양한 연령층을 대상으로 하는 프로그램이 있으며 여성 전용 공간도 있다. 조이리허는 재활 습관을 통해 시니어가 건강하게 생활할 수 있도록 하는 프로그램을 제공하고 있다. 과학적 근거에 기초한 독자적인 프로그램 덕분에 90일 만에 지팡이 보행자의 80% 이상이 보행 기능과 밸런스 기능이 개선되었다.

또한 다양한 분야별 전문가가 복합적인 프로그램을 만들어 1일 3시간씩 할 수 있는 개인별 메뉴를 제안해 자신에 맞는 기능 개선을 도모하고 있다. 버스, 지하철에 승차하는 상황을 연출하는 등 자체 개발한 9종의 오리지널 머신으로 컨디션과 목표에 따라 효과적인 운동을 하게 된다. 젓가락을 사용해 식사하거나 직접 세탁기를 가동시킬 수 있는 생활 기능 훈련, 자택에서 몸을 움직이는 습관을 몸에 익히는 체조 등을 소개하고 있다.

병원과 연계한 미국의 피트니스센터

미국 역시 시니어 피트니스 산업이 날로 발전하고 있다. 캘리포니아 가든 그로브에 위치한 시니어 전용 헬스클럽인 니프티 애프터 피프티(www.niftyafterfifty.com)는 메디컬그룹인 모나크 헬스케어와 공동으로 시니어들을 위한 헬스클럽을 운영 중이다. 체력 단련뿐만 아니라 건강 검진을 통해 개인에게 적합한 운동을 가르치고 있으며 운동 시 컴퓨터를 통해 건강 이상 여부를 점검하고 있다. 이 헬스클럽을 창립한 셸던 진버그 박사는 전직 의사인데 캘리포니아의 대규모 메디 케어 프로그램인 케어모어를 창립하기도 했다.

기술이 시니어의 건강을 관리하다

국내에서도 시니어들을 위한 운동 기구가 속속 등장하고 있다. IT 강국답게 최근 선보이는 제품들은 사물인터넷(IoT) 기술을 접목한 경우가 많다. 예를 들어, KT가 보급하는 자전거 운동기기인 기가 IoT 헬스 바이크는 실내에서 운동하면서 (올레TV와 연결하면) 3D 게임까지 즐길 수 있다. 스마트폰으로 다운받은 앱(App)에 입력한 개인 정보와 헬스 바이크에서 측정된 운동 능력을 기초로 맞춤형 운동 프로그램 설계도 가능하다. 그리고 헬스 체지방계 플러스도 있다. 체중은 물론이고 체질량 지수, 복부 비만 수준, 기초 대사량, 체수분율 등을 측정할 수 있는 스마트 체중계다. 두 제품 모두 장기 대여가 가능하다.

해피포크(www.hapi.com)는 음식을 천천히 꼭꼭 씹어서 섭취해야 하는 시니어들에게 매우 요긴한 스마트 포크다. 식사 속도와 시간, 1분간 떠먹는 횟수와 시간 간격 등을 계산해 식습관을 분석해 주고 최적의 습관을 안내해준다. 먹는 속도가 너무 빠르면 진동으로 경고하기도 한다. 구글은 파킨슨 환자를 위한 숟가락을 만들었다(www.liftware.com). 손잡이부분의 센서가 사용자의 손 떨림을 파악해 그와 반대되는 진동을 발생시켜 (손 떨림을) 상쇄시키는 원리로 작동된다. 음식물을 흘리지 않고 먹을 수 있도록 도와주는 것이다.

치매의 피해를 예방하다

사실 미래를 위해 건강을 챙기는 것이 중요하지만 눈앞의 현실적인 문제부터 해결하는 것이 급선무일 때도 있다. 시니어 대부분은 다가올 미래의 질병보다 오늘의 건망증이 더 괴로운 문제이기도 하다. 보통 시니어들은 물건을 쉽게 잃어버린다. 잃어버린 것을 찾을 수 있으면 다행인데 언제 어디서 잃어버렸는지조차 잊어버린다. 이럴 때 유용한 제품이 분실 방지 알림장치인 넛이다(www.nutale.com). 일명 스마트 파인더, 스마트 트래커라고도 불린다. 열쇠, 지갑, 가방 등 외출 시 꼭 챙겨야 할 물건에 넛을 달아놓고 스마트폰과 블루투스 페어링(Pairing)만 해놓으면 된다.

예를 들어, 자동차 열쇠를 집에 놓고 현관문을 나서려고 하면, 즉 물건과 주인이 일정 범위 밖으로 벗어나면 스마트폰에서 알림소리가 울린다. 열쇠를 찾기 위해 스마트폰의 알림창을 누르면 열쇠의 넛이 신호를 보낸다. 반대로 스마트폰을 분실한 경우에도 넛을 두

번 연속해서 누르면 스마트폰에서 소리가 난다. 무게가 10그램도 안 되기 때문에 노약자가 휴대하기에 부담이 없다.

비슷한 제품으로 타일(www.thetileapp.com)이 있다. 230개국에서 누계 1,500만 개의 판매율을 기록한 분실 방지기인데 미국 점유율 1등이다. 물건의 위치 경로를 기록해서 마지막 분실 장소를 찾을수 있다는 점, 다른 타일 사용자가 물건 근처에 접근하면 그 위치가 공유된다는 점이 특이하다. 사용자가 많아지면 많아질수록 분실물을 찾기가 쉬워지는 구조다. 사소한 제품으로 보여도 지역 커뮤니티 활성화까지 기대할 수 있는 기특한 제품으로 지갑형(Tile Slim)과 열쇠고리형(Tile Mate), 2가지가 있다.

눈치 빠른 독자들은 이러한 제품들의 활용도를 더 넓게 생각했을 것이다. 발달 장애가 있는 어린아이나 치매환자들의 행방불명에 대처하는 비즈니스 아이템이 되기도 한다. 대표적인 예로 일본 경비업체 알속(www.alsok.co.jp)은 위치 정보 제공시스템과 센서를 이용해 치매노인을 관리한다. 치매노인에게 소형 발신기인 미마모리(Mimamori) 태그를 부착하고 지역 내 봉사자들의 스마트폰에 앱을 설치해 두 사람이 스쳤을 때 익명으로 위치 정보를 송신하는 시스템을 갖추고 있다. 스마트폰에 해당 앱을 다운받은 택시기사가 운행 중에 치매노인과 스치면 해당 정보가 서버에 기록되는 시스템까지 도입됐다. '미마모리'란, '지켜보다'라는 뜻을 가진 일본어인데 아이나 노인을 보호하기 위해 관찰하는 돌봄 서비스에 관용적으로 사용되는 단어다.

옷과 신발은 몸과 함께 다니기 때문에 분실의 위험성이 적다. 그래서 시니어의 상태나 건강을 확인하기에 용이하다. 호주에 있는 트랙킹센트럴(www.trackingcentral.com.au)은 GPS를 부착한 스마트 슈즈인 케어 트랙커(Care Tracker)를 개발했다. 간병인이 치매환자의 위치를 알 수 있는 시스템을 갖추고 있다. 이와 비슷한 시스템을 갖춘 스마트 슈즈가 속속 개발되고 있는 중이다.

시니어들이 자주 잃어버리는 것이 또 하나 있다. 정확히는 잊어버린다고 해야 할 것이다. 바로 약 먹는 시간이다. 심지어 먹었는지, 안 먹었는지조차 확실하지 않기 때문에 요일별 약통은 필수품이다. 메드 마인더(www.medminder.com)는 약을 먹어야 할 시간을 알려주는 스마트한 보관함이다. 시간이 되면 LED 조명과 소리가 환자에게 신호를 보낸다. 뚜껑을 열어야 할 때 열지 않으면 보호자와 환자에게 연락도 해준다. 평소에는 약통이 열리지 않게 되어 있어 과다복용도 막아준다. 난트헬스(https://nanthealth.com/vitality)에서 개발한 스마트 약병인 글로우캡(Glow Cap) 역시 빛과 소리로 약 먹을 시간을 알려주는 제품이다. 복용 시간이 지나도 병을 열지 않거나 약병과 멀리 떨어져 있는 경우, 또는 위급 상황이라고 판단되면 전화와 문자로 알려준다.

홈 헬스 허브와 관련한 의료 서비스 제공업체로 잘 알려진 인디펜다(https://independa.com)의 스마트TV도 시니어들에게 시간을 알려주는 편리한 기기다. 평소에는 TV로 사용하다가 약 먹을 시간이 되거나 병원 가야 할 시간이 되면 화면으로 알림 메시지를 전해준다. 장착된 카메라를 통해 가족들과 화상 채팅도 할 수 있고 리모 컨의 긴급 전화 버튼을 누르면 가족의 스마트폰과 PC로 알림이 전 송되므로 위급 사태 발생 시에도 매우 유용하다.

앞의 제품들은 주로 시니어들이 피해 가기 힘든 건망증과 치매에 대처하는 IT 기기라는 공통점이 있다. 불편해진 삶을 편리하게 바꿔 주는 비즈니스 상품인 것이다.

치매 예방 및 치료 서비스 _____

세계보건기구(WHO), 국제알츠하이머협회(ADI)의 발표에 따르 면, 전 세계 치매환자는 2030년에 7,000만 명을 넘어서고 2050년 에는 그 2배가 될 전망이다. 치매는 누구나 걸릴 수 있는 병이지만 적절한 예방을 통해 피해가거나 진행을 늦출 수 있다고 알려져 있 기 때문에 여러 나라가 국가 차원의 전략을 세우고 있다. 예를 들 어, 2050년 치매환자가 1,300만 명에 이를 전망인 미국은 2011년 버락 오바마 당시 대통령이 국가알츠하이머프로젝트법을 승인하면 서 치매 관리정책을 추진 중이다. 알츠하이머의 조기 진단과 함께 경증·중증 환자의 돌봄 서비스를 구분해 국가 지원의 집중도를 높 이고 있다. 말기환자의 경우 임종 때까지 통증 완화와 정서적 지지 서비스는 물론 가족을 위한 심리적 안정 지원도 제공된다. 영국은 2009년부터 국가 치매 관리 종합계획을 통해 치매 대응에 나서고 있다. 프랑스는 치매 전문병동의 필수 인력으로 임상심리사, 재활전문가, 준의료전문가를 추가 지정했으며 사회복지사, 사례관리자, 비약물 프로그램 관련 전문가 등을 선택 인력으로 규정했다. 준의료전문가는 노인학 전문가나 치매환자의 정신과 심리에 도움을 줄 수 있는 보조 인력 또는 요양보호사와 간병인 등의 시니어 전문 돌봄 인력을 말한다.

우리나라의 65세 이상 시니어 10명 중 1명이 치매환자다. 이들을 돌보기 위해 1년에 국가적으로 드는 비용이 13조 6,000억 원이다. 치매환자는 2024년 100만 명, 2041년 200만 명, 2050년 271만 명에 이를 것이라는 전망도 있다. 이때가 되면 국가의 치매 관리 비용이 100조 원을 넘어설 것으로 추산된다. 이러한 추세 속에서 문재인 대통령의 복지 공약 중 주목을 받았던 것이 '치매 국가책임제'다. 이는 치매 의료비의 90%를 건강보험으로 보장하는 것이 주요 내용이다.

일본은 시니어 4명 중 1명이 치매환자 또는 예비군이다. 2025년에는 700만 명까지 증가해 시니어 5명 중 1명이 될 것으로 예측되고 있다. 2015년부터 치매 대책 추진 종합전략, 일명 '신(新)오렌지 플랜'을 수립해 12개 정부부처가 종합적인 대책을 시행하고 있다. 2017년까지 800만 명의 치매 서포터를 양성해 500여 곳의 치매 의료센터와 함께 빈틈없는 치매환자 지원망을 구축하는 것이 대책의 핵심이다. 치매환자의 의사를 존중하면서 가능하면 그동안 살아온 지역에서 계속 생활할 수 있는 사회 실현을 지향하고 있다.

시장 조사 컨설팅사인 시드플래닝(www.seedplanning.co.jp)의 발표에 따르면, 치매 케어 지원 서비스 시장의 규모는 2016년 약 230억 엔(약 2,300억 원), 2020년에는 약 433억 엔(약 4,330억 원)으로 4년 만에 1.9배 증가하고 2025년에는 약 679억 엔(약 6,790억 원)에 달할 것으로 예측하고 있다. '치매 케어 지원 서비스'란, 사회보장과 연관된 공적 치매 케어를 보완해 민간 기업이 제공하는 서비스를 말한다.

치매 예방을 위한 두뇌 훈련

기본적으로 치매 예방 및 재활을 위해서 운동, 식사, 보조 식품 섭취, 회상법, 음악요법, 예술요법 등 다양한 방법이 활용되고 있다. 그리고 무엇보다 두뇌 운동이 중요하다.

두뇌 운동으로는 인지 기능 중 하나인 계산 기능이 저하되지 않게 제한된 시간 안에 사칙연산 풀기, 신문 칼럼을 옮겨 쓰거나 소리 내어 읽기 등이 있다. 퍼즐, 마작, 바둑, 장기, 화투, 악기, 그림, 공예, 외국어 회화 등 새로운 것을 배우면서 뇌를 자극시키는 과정도 필요하다.

치매 예방을 위한 두뇌 훈련은 혼자보다 가족이나 시설에서 강사들과 함께 할 때 더 효과적이다. 여러 사람이 함께 훈련과 이야기를 하면서 관계가 형성되고 경쟁심도 생기기 때문이다. 그림 그리기, 종이 접기, 음악을 듣거나 노래 부르기 등이 많이 진행된다. 또한 옛날 사진을 보면서 이야기하거나 비슷한 연배의 시니어들이 함께 커뮤니케이션하는 회상법이 데이케어센터 등에서 많이 활용되고 있다. 추억을 회상하고 옛날이야기를 하다 보면 뇌가 자극되고 정신적으로 안정되기 때문이다.

최근에는 PC보다 조작이 간단하고 직감적으로 조작할 수 있는 태블릿 PC를 사용하는 시니어가 늘고 있다. 치매 예방을 위해 사용하는 요양 시설도 증가하고 있다. 예를 들어, 아이패드는 조작 버튼이 하나밖에 없고 감각적이라서 시니어가 손가락을 움직여 두뇌를 활성화시키는 데 매우 유효하다. 게임은 여러 작업을 동시에 진행하는 멀티 데스크 능력이 필요하기 때문에 치매로 인한 귀찮음, 무기력, 무계획 등을 방지하고 치유할 수 있다. 앱 스토어에서 다운받아 아이패드로 즐길 수 있는 간단한 게임은 무궁무진하다.

스마트 기기를 활용해 뇌를 훈련시키는 루모시티(www.lumosity.com)라는 앱도 있다. 182개국 8,500만 명이 이용하고 있는 두뇌 트레이닝 앱으로 과학자들이 개발한 포괄적이고 다양한 두뇌 게임이다. 25가지의 게임을 PC나 스마트폰으로 즐길 수 있는데 기억력, 유연성, 처리 속도, 주의력, 문제 해결 등을 단련하고 능력을 향상시킬 수 있다. 한때 세계적으로 큰 인기를 끌었던 닌텐도의 '뇌를 단련하는 성인의 DS 트레이닝'과 비슷하다고 보면 된다.

오프라인 쪽에서 살펴보면 치매환자를 위한 구몬학습(www.kumon.ne.jp)도 있다. 치매환자의 뇌 기능 유지 및 개선, 치매 예방을 위한 비약물요법이다. 음독과 계산을 중심으로 교재를 사용하는데 학습자와 지원자가 커뮤니케이션을 하면서 진행한다. 인지 기능,

커뮤니케이션 기능, 행동 감정 억제, 자발성, 기억력 등 전두전야(前頭前野) 기능을 유지 및 개선하는 것이다(인간에게만 있는 전두전야는 뇌의 사령탑이라고 보면 된다).

뇌과학 연구에 따르면, 어려운 문제를 풀거나 TV를 보거나 게임할 때 뇌는 별로 움직이지 않는다고 한다. 하지만 간단한 사칙연산을 빨리 풀거나 문장을 소리 내어 읽는 것은 의지와 관계없이 뇌 전체를 활성화시키는 것으로 나타났다. 또한 타인과 커뮤니케이션을 할 때도 뇌가 활성화된다. 이러한 과학적인 근거를 조합해 치매가 걸린 시니어의 뇌 기능 유지와 개선, 치매 예방에 활용하고 있는 것이 바로 학습요법이다.

학습요법은 특별 요양 노인 홈, 보건 시설, 그룹 홈, 데이케어 서비스, 유료 노인 홈 등에서 알츠하이머, 뇌혈관성 치매환자에게 활용되고 있다. 시설에서 학습요법실천사, 학습요법마스터 자격을 갖춘 직원이 환자와 커뮤니케이션을 하면서 약 20분간 실시한다. 직원은 반드시 연수를 이수해 이론과 실기를 겸비해야 하고 환자의 다양한 변화를 간파하고 관찰하며 학습 중에 커뮤니케이션할 수 있는 능력을 갖고 있어야 한다. 매일 적어도 주 3일간 계속 학습해야 효과가 있다.

4차 산업혁명과 스마트 시니어

앞으로 4차 산업혁명과 시니어 비즈니스 전성기가 맞물려 기존

산업에 큰 변화가 올 것으로 예측되고 있다. 인구의 고령화는 노동력 부족, 생산성 저하, 성장률 하락의 문제점을 안고 있다. 따라서 4차 산업혁명으로 제기되는 노동력 잉여, 생산성 급증, 빈부의 양극화문제를 상호 보안해 극복할 수 있는 기회로 삼아야 한다. 이제 자율주행차, 드론, 로봇 등을 시니어 비즈니스에 접목해 시니어의 편의성을 높이는 것이 필요한 시점이다.

이미 세상은 정보통신기술(ICT: Information and Communications Technologies), 사물인터넷, 인공지능 등을 활용해 통신, 로봇, 뇌 분야에서 인류를 진보시킬 발명이 이뤄지고 있다. 미래의 시니어 비즈니스는 고령자의 생활과 자립을 지원하는 노년 기술(Gerontechnology)이 이끌 것이다.

고령사회가 안고 있는 다양한 과제를 효과적으로 해결하려면 기술력이 절실하다. 그래서 시니어의 의료, 요양, 주거 등에서 독립적 삶을 지원하기 위한 4차 산업혁명이 빠르게 확대될 것으로 전망된다. 더 늦기 전에 정부는 R&D 자금의 일정 부문을 노년 기술에 특화해 지원하고 시니어 비즈니스 관련 스타트업에 투자하는 민간 펀드 조성 등을 고려할 수 있다. 더불어 산학연(産學硏) 간의 기술 협력도 절실하다.

미국 컨설팅사 프로스트앤설리번에 따르면 헬스케어 산업 내 인공지능 시스템의 세계 시장 규모가 2017년 약 14억 달러(약 1조 5,400억 원)에서 2021년 약 67억 달러(약 7조 3,700억 원)로 연평균 40%씩 급성장할 전망이다.

특히 일본에서는 4차 산업혁명 기술이 고령 친화 산업에 광범위하게 적용되고 있다. 이미 사물인터넷을 활용해 눈동자를 깜빡거리는 것만으로도 조명을 켜고 TV를 끄고 커튼을 조작할 수 있는 시니어 상품이 나왔다. 현재 일본은 노인 인구의 폭발적인 증가로 간병 대란을 눈앞에 두고 있다. 단카이 세대가 이미 노인이 됐지만 간병해줄 인력은 턱없이 부족한 상황이다. 이 같은 상황에서 일본은 인공지능, 사물인터넷 등 이른바 4차 산업혁명 기술에서 간병 인력의 부족문제를 해결할 돌파구를 찾고 있다.

스마트 기기에 익숙한 액티브 시니어들을 대상으로 하는 유망한 서비스로는 간병, 간호, 치료 등 고령자 케어가 가능한 거주 모니터링 시스템을 도입한 사물인터넷 서비스, 가상현실을 이용해 정서적 고립과 외로움을 해결하는 펀 앤드 테라피(Fun and Therapy) 서비스, 인공지능을 활용해 신체적 약자 및 고령자들을 대상으로 오락 및 정보 제공·알림·제어 등 복합적인 도우미 역할을 제공하는 큐어 앤드 트레이닝(Cure and Training) 서비스 등이 있다.

오락으로 건강을 관리하다

일본은 다양한 또는 재미있는 아이디어 상품을 개발하는 것으로 유명하다. 예를 들어, 이미지가 좋지 않은 마작과 시니어 건강 관리법을 접목시킨 경우가 그렇다. 이른바 건강 마작(Wellness Mahjong)이다.

일본에서 마작은 경마, 파친코와 함께 직장인이 즐기는 3대 생활 도박 중 하나다. 흔히 마작살롱은 담배 연기가 가득하고 내기로 참여자들의 스트레스가 쌓이는 장소로 여겨져 왔다. 하지만 이처럼 시니어들이 하지 못하게 말려야 할 것 같은 도박을 치매 예방에 좋은 두뇌 훈련 게임, 건강 유지에 효과가 있는 두뇌 스포츠로 탈바꿈시키면서 널리 보급하는 단체가 있다. 1988년에 설립된 일본건강마작협회(http://kenko-mahjong.com)는 마작이 두뇌 게임, 커뮤니케이션 도구로써 우수하다는 점을 널리 알리고 있다. 협회가 지도

하고 있는 건강 마작의 매너는 '(돈)내기하지 않고, (술)마시지 않고, (담배)피우지 않는다'이다. 그리고 복장은 단정히 하고 끝날 때에는 상호 간에 정중히 인사하는 예절도 철저하게 가르치고 있다. 전국에 100여 곳이 넘는 건강 마작살롱이 있으며 초보자, 여성 전용교실도 있다. 많은 시니어가 방문해 건강 유지와 살아가는 즐거움을 느끼고 교류의 장으로 활용하고 있다. 그 결과, 2007년부터 후생노동성과 지자체가 개최하는 스포츠 대회인 전국건강복지축제의 정식종목으로 채택되었다. 각 지자체에서 시니어 복지 사업의 일환으로 건강 마작교실과 마작대회를 개최하자 마작 인구가 점차 증가하고 있다. 재미는 물론이고 치매 예방에도 효과가 있다고 알려졌기 때문이다.

마작은 머리와 손을 동시에 사용하고 상대방과 즐겁게 대화하면서 하기 때문에 뇌와 신체 건강 간의 균형을 유지할 수 있고, 그 결과 치매 예방에 효과가 있다고 한다(화투를 치매 예방에 효과가 있다고 말하는 것과 같은 맥락이라고 볼 수도 있다). 자신의 패와 상대방의 상황을 예상하기 위해 머리를 써야 하고 반전의 행운으로 기분이 고양되며 외출로 생활 리듬을 바꿀 수 있다 등 순기능이 훨씬 많다고 볼 수 있다. 건강 마작 애호가의 뇌 연령을 측정한 결과, 실제보다 3살 젊게 나타났다.

실제로 일본건강마작협회는 대학교에 위탁해 '건강 마작이 두뇌 활동에 미치는 영향'을 조사했다. 마작을 하는 시니어의 뇌혈류를 조사한 결과, 작업 기억과 지적 활동의 중추적 역할을 하는 전두엽의 혈류가 증가했으며 공간 인식과 운동 지각을 담당하는 두정연합야(頭頂連合野, 두정엽의 일부)가 활발하게 활동했다. 한편 PC로 마작을 하는 사람도 조사했는데 두뇌 활동에 변화가 없는 것으로 결과가 나타났다. 사람을 상대로 게임을 하지 않으면 치매 예방 효과가 거의 없다고 볼 수 있다.

한동안 우리나라에서 온라인 고스톱이 인기를 끌었던 적이 있었다. 그 연장선상에서 시니어들만을 위한 PC방, 화투방 등이 생겨날 수 있을까? 도박을 건강 비법이라며 비즈니스로 승화시킬 수 있는 날이 오게 될까?

가라오케에 음악, 건강, 교육 서비스 접목 _____

마작 외에도 일본인들이 여가 생활로 많이 즐기는 오락 중 하나가 가라오케다. 특히 시니어들이 그렇다는 점에서 가라오케 역시 시니어 비즈니스로 가치가 있다. 일명 '음악 근육 운동'이라 하여 노래하고 춤추면서 젊음을 유지하는 가라오케 비즈니스가 활황이다.

일본에서 상업적 용도의 가라오케 설비를 가장 많이 판매하고 임대하는 회사가 다이이치고쇼(https://dk-eldersystem.com)다. 2001년 가라오케 시스템이 레이저 디스크(LD)에서 통신이나 온라인으로 바뀌는 시점에 본격적으로 시니어 시장에 진출했다. 애물단지가 된 다량의 LD를 공민관(公民館, 지역에서 교양, 문화, 스포츠 등 주민 실생활에 관련된 각종 사업을 진행하는 평생 교육시설. 주민 자치 능력 향상, 지역 만들기 등에 기여한다)과 시니어 시설에 기부했다. 시니어들이 가라오케를 좋아하기 때문에 환영받았지만 공적기관에서는 오락 기계를 적극 활용하는 부분에 있어 다소 부담을 느꼈다. 그러자 다이이치고쇼는 가라오케를 건강과 연계시켰다. 대학과 공동 연구를 실시해 노래의 효과를 조사하고 검증한 데이터를 축적했다. 가라오케에는 수명 연장, 행복한 기분, 고혈압 방지, 기억력 향상(치매 예방), 정신적 안정, 소화 기능 개선, 냉증 및 요통 해소, 얼굴 축소, 다이어트, 자신감 향상, 체력 향상, 잇병 치료, 삼키는 힘 강화, 표정 근육 발달, 노폐물 배출 등 다양한 효능이 있었다. 다이이치고쇼는 이러한 순기능을 바탕으로 건강 증진과 개호 예방을 위한 콘텐츠를 개발했다. 그 결과로 만들진 것이 생활 종합 기능 개선 기기인 DK 엘더시스템이다.

DK엘더시스템은 노래와 음악을 즐기면서 기능 훈련과 개호 예방을 효과적으로 할 수 있도록 다양한 콘텐츠를 제공하고 있다. 단지 화면을 보고 노래 부르는 형식이 아니라 음악 사용, 몸 사용, 눈 감상, 가라오케 게임 등 400종류 이상의 콘텐츠를 만들었다. 흘러간 노래를 부르면서 춤을 추거나 가사 일부를 가려서 기억을 떠올리게 하는 식이다. 또한 노래방 리모컨은 글자를 키우고 조작법도 간단하게 만들었다. 메뉴도 자주 사용하는 기능만 넣은 단순한 구성이라서 누구나 틀리지 않고 선곡할 수 있다.

'음악 사용' 관련 콘텐츠는 시니어 시설의 현장 경험이 많은 음악 요법사를 통해 시니어들이 좋아하는 노래로 구성됐다. 동요, 창가,

가곡 등 250곡을 기본으로 시설과 대상자에 맞게 프로그램을 만들었다. '몸 사용' 관련 콘텐츠는 영상을 보면서 즐겁게 운동하는 기능이 강조된 것이다. 손목 운동, 손가락 운동, 허리 노화 방지 체조 등 다양한 프로그램이 탑재되어 있으며 건강 상태에 따라 다섯 종류의 체조를 천천히 따라 하는 내용도 있다. 노래하면서 율동도 할 수 있는 레크레이션용의 콘텐츠도 있다(매월 계절에 맞는 12곡 제공). '눈 감상' 관련 콘텐츠는 노래를 부르면서 옛날의 인기 스타나 고향 풍경 등 다양한 영상을 볼 수 있다. 자신이 부르고자 하는 노래와 연관성 있는 영상이 제공되는 것이다.

이처럼 DK엘더시스템은 운동 기능과 구강 기능을 향상시켜서 개호와 치매 예방을 실현하는 건강 프로그램으로 자리 잡았다. 이는 후생노동성이 추진하는 종합적인 생활 기능 향상정책과도 맥을 같이 했다. 시니어의 운동, 구강, 인지 등 3가지 기능을 유지 및 향상시키면서 지역 커뮤니티와의 교류와 활성화에 기여하기 때문이다.

현재 DK엘더시스템은 전국 1만 9,000개 이상의 공민관과 개호 시설에서 활용되고 있다. 또한 최근 2~3년 동안 지자체 관련 시설에서 도입하는 사례가 급격히 늘어나고 있다. 2015년 개호보험제도 개정으로 요개호도가 경증인 사람에 대한 사업 주체가 지자체로 이관되어 지자체에서 손쉽게 즐기면서 개호 예방이 가능한 건강 가라오케에 관심이 높아졌기 때문이다. 양로원에 설치되는 고급 가라오케 기기는 대당 100만 엔(1,000만 원)에 달한다.

DK엘더시스템은 인재를 양성해 지역사회의 '몸과 마음 건강 만들기'를 응원하기도 한다. 건강 가라오케 프로그램을 운영하는 전문 스태프인 음악건강지도사를 양성해 개호 예방교실에 파견하는 것이다. 개호 예방교실을 운영하는 방법은 전국 각지의 지방에 따라 다양한데 후쿠오카에서는 가라오케박스 파티룸(영업 노래방)을 개호 예방교실로 활용하고 있다. 손님이 주로 야간에 많으므로 낮에 개호 예방교실로 개방해 수요를 창출하고 있다. 마츠에에서는 편의점 옆에 있는 노래방을 개호 예방교실로 활용하고 있다.

다이이치고쇼는 일본 최대 통신업체인 NTT도코모와 공동 연구도 진행하고 있다. 커뮤니케이션 로봇과 DK엘더시스템을 연계해 음악 건강분야를 더 즐겁게 하기 위한 실험을 하고 있다. 레드오션이 된 가라오케업계에 새로운 성장 마켓을 개척하고 있는 것이다.

음악, 구체적으로는 즐겁게 노래를 부르면서 개호 예방을 계속할 수 있다는 매력은 노인이 점점 많아지는 현실에서 충분히 경쟁력 있는 비즈니스라고 할 수 있다. 노래 사랑이라면 절대 빠지지 않는 한국에서도 유망한 사업이다. 이미 오래전부터 백화점 문화센터나 각종 단체에서 운영하는 주부 노래교실이 있기 때문이다. 주부를 모집하는 일, 가수를 연결시켜주는 일, 트로트 음원을 제공하는일 등 체계를 갖춘 상태로 운영 중이므로 어느 정도 기반은 다졌다고 볼 수 있다.

당뇨, 고혈압, 비만 등의 생활 습관병은 건강 관리를 통해 어느 정도 예방이 가능하다. 사전에 건강을 잘 챙기려면 정기적으로 건강검진을 받아야 하는데 그렇지 못한 경우가 허다하다. 특히 직장에서 정기적으로 건강검진을 받았던 직장인은 은퇴한 시니어가 되면 알아서 스스로 건강검진을 받아야 하는데 익숙하지가 않다. 일본에서는 약 3,300만 명이 정기검진을 받지 않거나 못한 것으로 알려졌다. 그런데 병원이 아니라 지하철역, 사우나, 보험 사무실, 쇼핑센터 등 언제 어디서나 안전하고 자유롭게, 그리고 무엇보다 싸고 빠르게 건강검진을 받을 수 있다면? 케어프로(http://carepro.co.jp)가 시도한 발상의 전환은 틈새 시장을 파고들기에 충분했고 주목할 만한 성과를 낳았다.

케어프로의 셀프 건강검진(One—Coin Check)은 2016년 한 해

동안 약 34만 명이 이용했을 정도로 인기 상품이었다. 3~10분 만에 그 자리에서 결과를 알 수 있어 편리했고 무엇보다 요금이 저렴했기 때문이다. '기본 1항목에 500엔(5,000원), 세트메뉴를 선택하면 할인 가능, 언제 어디서나 500~2,000엔(5,000~2만 원)으로 건강 확인'은 충분히 매력적이었다. 방법도 간단하다. 간호사의 도움을 받아 스스로 자신의 손가락에서 채혈하고 결과를 기다리면 끝이다. 검사항목은 혈당치, 중성지방, 간 기능 등 9가지다. 결과는 표준, 주의, 진료 등 3단계로 분류하는데 30% 정도의 사람들이 표준 이하의 판정을 받는 것으로 알려졌다.

케어프로의 가와조에 다카시 대표는 게이오대 간호의학부에서 공부를 하던 중 미국의 마요 클리닉(Mayo Clinic)에 견학을 갔다가 셀프 건강검진 비즈니스를 떠올렸다. 대형 슈퍼마켓에서 간이로 건강 진단과 치료를 함께 하는 '1분 클리닉(Minutes Clinic)'을 접하게 된 것이 창업의 계기였다. 미국에서는 의사가 아니라도 의료행위를 할 수 있는 임상간호사(Nurse Practitioner)가 간단한 진단과 치료를 병원보다 저렴한 가격으로 제공한다. 미국 의료비가 워낙 비싸기 때문에 병원에 갈 수 없는 사람들을 위한 저가의 의료 서비스가 보급되었던 것이다. 이러한 모델을 일본에 도입하면서 케어프로가 탄생했다.

가와조에 다카시 대표는 예방 의료를 공부하기 위해 도쿄대병원 당뇨병대사내과병동에 근무했다. 그곳에서 만난 환자들 대부분이 좀 더 일찍 발견했다면 중증으로 발전하지 않았을 것이라는 사실을 알게 됐다. 왜 좀 더 일찍 건강검진을 받지 않았냐고 물었더니 "기회가 없었다", "가고 싶은데 자식들이 같이 가주지 않았다", "자영업자라 휴일이 없었다", "병에 걸릴 것이라고 생각하지 않았다" 등의 대답이 돌아왔다. 그래서 이 모든 상황을 타개하는 방법으로 500엔(5,000원)에 1항목 검진을 받을 수 있는 셀프 건강검진을 시작했다.

첫 매장은 2008년 11월에 문을 연 도쿄 나가노점이었다. 도쿄 나가노는 인구밀도가 높고 상점가에서 일하는 주부와 자영업자가 많으며 상업 시설에는 오타쿠(Otaku)매장이 즐비하게 있어 전국에서 오타쿠들이 모이는 지역으로 유명하다. 케어프로는 이 지역에서 1년 이상 건강검진을 받지 않은 사람들을 타깃으로 정했다.

사업 초기에는 자기 채혈 검사에 대한 의료법상 해석이 명확하지 않아 보건소와 의료기관의 압력을 받았다. 점포를 폐쇄하거나 이벤트를 취소하는 경우도 발생했다. 하지만 2013년 정부의 산업경쟁력회의에서 '원 코인 체크'처럼 간편하고 저렴한 건강검진방법을 보급해 주부나 자영업자 등 검진 기피자를 구제하자는 제안이 나오면서 상황이 바뀌었다. 2014년에는 후생노동성이 검체 측정실에 대한 가이드라인을 제시하면서 셀프 건강검진이 대외적인 인정을 받게 되었다. 자신이 채혈을 하면 의료행위가 아니며 혈액 검사로 혈당치, 콜레스테롤, 중성지방 등을 측정하는 데 아무런 문제가 없다는 법적 근거가 생긴 것이다.

케어프로는 지자체, 상인회, 기업 등의 요청으로 '원 코인 체크 출장 서비스'도 하고 있는데 매월 100군데 이상에서 진행할 정도로 인기가 높다. 이용자의 80%가 50~70세 시니어들이며 1년 동안 검사받지 않은 사람이 약 40%다. 이러한 잠재 시장을 공략하는 한편으로 방문 간호 사업도 시작했다.

2020년에 일본의 간호 난민이 30만 명에 달할 것으로 예상되고 있는데 야간과 휴일에 문을 여는 의료 시설이 전체 10%도 되지 않는다. 그래서 케어프로는 도쿄 2곳에 간호사 20여 명 규모의 방문 간호 스테이션을 설치하고 관련 기관과 연계해 24시간, 365일 이용자가 자택에서 요양 생활을 할 수 있는 서비스를 제공하고 있다. 앞으로 더욱 확대해 고독사와 간호 난민의 문제 해결에 대응할 계획이다.

웰 다잉과 엔딩 산업

죽음을 일상생활에서 멀리하고 터부시하던 일본이지만 고령사회에 접어들자 삶과 죽음에 대한 생각이 변하기 시작했다. 특히 장례문화에 많은 변화가 생겼다. 셀프 장례, 직장(直葬), 종활(終活), 생전 정리, 시신호텔 등 웰 다잉 관련 사업들이 속속 생겨나고 있다.

행복하고 건강하게 생을 마감하는 것도 예나 지금이나 시니어들에게는 가장 큰 숙제다. 이런 엔딩 산업은 그래서 네버 엔딩 산업이다.

이승에서의 마지막 밤, 시신호텔 _____

일본 후생노동성의 발표에 따르면, 2025년 일본의 사망자 수(153만 명)가 출생 수(73만 명)의 2배가 이상이 된다. 단카이 세대가 전부 90대에 진입하는 2040년 즈음에는 연간 사망자가 166만 명에 달할 전망이므로 출생자와의 격차는 더 벌어질 것이다.

사망자 수가 급속하게 늘어나자 먼저 장례나 유골 처리에서부터 문제가 발생하기 시작했다. 일본에서는 유골을 가족묘에 매장하는 것이 일반적이었다. 하지만 수도권의 화장장에 예약이 밀려 대기를 해야 할 지경에 이르자 그 틈새를 노린 임시 영안실 비즈니스가 등장했다. 이른바 이타이(遺體)호텔이라고 불리는 시신호텔이다.

2012년 일본 최초의 시신호텔인 라스텔(www.lastel.jp)이 요코하마에 문을 열었다. 24시간 언제라도 유가족이 면회를 원하면 냉장

고에서 보존하고 있던 시신을 컴퓨터 조작을 통해 면회실로 이동시킨다. 냉장 시설은 가로 2미터, 세로 1.5미터 크기의 유리로 되어 있으며 3.3도를 유지하고 있다. 라스텔은 20개의 객실을 보유하고 있으며 하루 숙박료는 1만 2,000엔(12만 원) 정도다. 개장 후 5년 동안 무려 4,000명이 넘는 망자가 다녀갔다.

이렇게 '고인과의 마지막 하룻밤'을 원하는 유가족이 많아지자 시신호텔은 매년 10% 이상 성장세를 보이고 있다. 오사카의 릴레이션호텔, 가와사키의 수수호텔 등 주요 도시로 확대되고 있는 중이다. 단, 이름은 호텔이지만 숙박업 허가를 받지 못해 산 사람은 투숙할 수 없다.

고령화에 따른 장례문화의 변화 _____

일반적으로 인간의 사망을 심장, 호흡, 동공 등의 정지로 판단한다. 하지만 일본에서는 1997년 장기 이식에 관한 법률이 만들어지면서 사망에 대한 법적인 정의가 달라졌다. 장기 제공을 전제로 한다면 뇌사를 사망으로 보지만 그렇지 않다면 심정지(心停止)를 사망으로 보는 것이다.

고령화 추세에 따라 장례식의 형식과 의미도 변하고 있다. 전통적으로 일본의 장례는 불교식이었고 고인을 알지 못해도 유가족과의 관계 때문에 형식적인 조문을 하는 경우가 많았다. 과거 고도 성장기와 버블 경제 때에는 장례식을 성대하게 했다. 당연히 조문객이 많았고 비용도 따라서 상승했다. 하지만 평균 수명이 늘어난 요즘에는 고인은 물론이고 유가족까지 이미 퇴직한 경우가 많아지면서 형식적인 조문객이 점차 줄어드는 추세다.

급기야 2000년부터는 '가족장'이라는 용어가 일반화되었다. 가족과 친한 지인들만 참석한 채 소규모로 치르는 장례를 의미하는데 최근 들어서는 증가하고 있다. 1일장도 적지 않다. 삶의 마감에 대한 관심이 많아지고 장례, 매장, 공양의 방법에 대한 변화된 기호가 반영된 결과라고 할 수 있다.

심지어 별도의 장례식 없이 24시간이 지난 후에 곧바로 화장장으로 직행하는 '직장(直葬)'까지 등장했다. 전염병 등의 위험이 있는 경우를 제외하고는 24시간 이내에 화장을 할 수가 없었는데 무연고, 고독사가 많아지면서 널리 퍼지기 시작했다. 무엇보다 비용이 저렴한 영향이 크다고 볼 수 있다.

우리나라의 장례문화도 곧 일본의 뒤를 밟아 변화될 확률이 높다. 우리나라의 시신 화장률은 2001년 38.3%에서 2016년 83%까지 상승했다. 상황이 이렇다 보니 사망자가 많아지는 환절기에는 화장장 찾기가 더 어려워졌다. 그렇지만 님비(NIMBY: Not In My Back Yard) 현상 때문에 도심 곳곳에 화장장이 갑자기 늘어날 확률은 없어 보인다. 또한 과거에는 발인하는 날을 중요하게 여겨 4일장이나 5일장을 하는 경우도 많았지만 어느 날부터 3일장이 일반화됐고 2일장도 심심치 않게 접하게 된다. 이 역시 일본과 비슷한 행보다. 앞으로 우리나라도 핵가족화가 빠르게 진행되면서 문상객의 감소, 실용성을 강조하는 젊은 세대의 증가, 종교적 이유, 고인의 유언, 비용 등을 이유로 간소한 가족장이나 빈소를 생략한 장례가 많아질 것으로 예상된다. 이미 청십자장묘협동조합 같은 회사는 일본의 심플한 장례식을 국내에 도입했다. 약식장의 경우 안치, 입관, 발인, 화장 및 수목장까지 업체에서 진행하고 추모의 형식과 내용은 유가족이 결정한다. 입관에서 발인까지의 시간 동안 가족끼리 짧게 추모 여행을 떠나거나 집이나 식당을 빌려 조문객들을 맞이할 수 있다. 원한다면 아예 추모과정을 생략할 수도 있다. 직접 장을 치르고 싶어 하는 사람들을 위해 사망진단서 발급받는 방법부터 화장 시 주의사항까지 홈페이지에 상세하게 소개하고 있다. 비용은 가족장 298만 원, 약식장 198만 원, 화분수목장과 산골수목장 49만 원이다.

장례문화가 변하는 방향 중 하나가 셀프 장례다. 말 그대로 자신의 장례를 스스로 준비하는 것이다. 이러한 트렌드는 자식에게 부담을 주기 싫다거나 독거노인으로 생을 마감할 것으로 예상하는 사람이 늘어나면서부터 시작됐다. 3일장 대신 비용이 저렴한 2일장을 택한다거나 아예 빈소를 준비하지 않는 식이다. 장례업체와의 계약을 통해 미리 장례용품과 서비스를 준비하고 납골당이나 수목장 등을 미리 결정하기도 한다. 장례가 임박하면 최종적으로 장례식장을 결정하고 부고할 명단, 종교적 진행 등을 결정한다. 이처럼 본인의 마지막 절차를 생전에 스스로 결정하는 것 역시 웰 다잉이라 할 수 있다. 이것이 바로 종활(終活)이다.

나의 마지막을 스스로 준비하는 슈카츠 _____

종활(終活, 이하 '슈카츠')을 직역하면 '인생의 마지막(終) 활(活)동'
이라는 뜻이다(일본에서는 취업 활동을 '취활', 결혼 준비를 '결활'이라고
하는 등 '활'자를 활용해 하나의 사회적 움직임을 정리하곤 한다). 그 구
체적인 함의를 분석하면 '인생을 마무리하기 위해 주변을 정돈하
고 죽음을 맞이할 준비를 하는 일, 마지막까지 사람답게 인생을 살
다가 가기 위한 준비'라고 할 수 있다. 자신의 장례식을 생전에 준비
하는 셀프 장례 역시 슈카츠의 일종이다. 이 신조어는 〈주간아사히〉
의 부편집장을 지낸 사사키가 2009년에 '종활'을 연재하고 책으로
내면서 알려지기 시작했다. 이후 2010년 장례 절차, 유품 처리, 유
언 등을 기록하는 임종 노트의 등장, 2011년 다큐멘터리 영화 〈엔
딩 노트(Ending Note)〉 개봉, 2012년에는 유행어 대상까지 받으면

서 슈카츠는 사회 트렌드로 확고하게 자리 잡았다. 종활어드바이저 협회, 종활카운셀러협회 등 관련 기관의 강좌 개설도 늘고 전문 자격증까지 생겼다.

리서치회사 마크로밀이 60~70대를 대상으로 실시한 조사에서 73.6%가 슈카츠를 긍정적으로 생각하고 있었는데 그 이유 중에서 '가족에게 부담을 주고 싶지 않다'가 79.7%를 차지했다. 가족이라고 해도 타인에게 폐 끼치는 것을 극도로 싫어하는 일본의 문화와 장수사회가 빚어낸 새로운 문화라고 볼 수 있다.

우리나라의 이마트, 홈플러스 같은 대형 마트를 운영하고 있는 일본 최대의 유통그룹인 이온(www.aeonlife.jp)은 '이온장례식'이라는 독자적인 비즈니스 브랜드를 확립하면서 슈카츠 관련 비즈니스 시장을 개척했다. 2009년부터 장례식 중개업에 진출했는데 140개 항목의 '장례 서비스 품질 기준'을 만들고 전문적인 연수를 받은 장의사만 특약점으로 인정했다. 1일장 19만 8,000엔(198만 원), 가족장 49만 8,000엔(498만 원) 등 명확한 패키지 요금체계도 만들었다. 또한 동네 마트에 이르기까지 전국 구석구석을 돌면서 끊임없이 슈카츠박람회를 열고 있다. 임종에 필요한 각종 도구를 전시하고 장례식, 납골당, 묘지 등의 장례 비용과 재산 정리 등 임종에 필요한 각종 정보를 얻을 수 있어 시니어들의 호응을 얻고 있다. 행사장에서는 사망 후 주변 사람들에게 메시지를 전달할 수 있는 엔딩 노트 작성, 영정 사진 촬영, 입관 체험 등 다양한 프로그램도 접할 수 있다. 이처럼 기존 장례 사업의 상식을 깬 것이 이온의 성공 요인이었다. 2020년까지 회원 20만 명을 목표로 하고 있다.

유명인의 슈카츠 실천

유명인의 슈카츠는 늘 화제를 몰고 다닌다. 2017년에는 대기업 고마쓰의 전 대표인 안자키 사토루가 80세의 나이로 생전 장례식을 치르겠다고 신문에 광고를 내면서 화제가 되기도 했다. 연명 치료를 위한 항암 치료를 거부하고 하루라도 건강할 때 주변 사람들에게 감사 인사를 전하겠다며 죽기 전에 미리 장례식을 치르겠다는 것이다. 이 역시 슈카츠의 하나로 주목을 받았다.

《오싱》의 작가 하시다 스가코는 2016년 12월 〈문예춘추〉에 '나는 안락사로 죽고 싶다'라는 글을 실었다(우리나라에서는 《나답게 살다 나답게 죽고 싶다》라는 제목으로 출간되었다). 1925년에 태어난 고령의 작가가 던진 화두는 일본 열도를 뜨겁게 달궜다. 작가는 41세라는 늦은 나이에 결혼을 했는데 20년 정도 살다가 남편이 폐암으로 사망하면서 사별했다. 그 이후 혼자 살다가 89세부터 자신의 죽음을 준비하기 시작했다. 90세부터는 하루도 빼지 않고 쓰던 일기도 멈췄다. 슈카츠를 했지만 죽음이 원하는 때에 오는 것은 아니기 때문에 안락사로 죽고 싶다는 선언을 한 것이다. 작가는 "아직은 괜찮지만 언젠가 치매에 걸려 주변에 폐를 끼치는 것보다 존엄을 지키며 죽을 권리가 있다"라고 주장했다.

일본에서는 아직 존엄사가 법제화되지 않았다. 하지만 현장에서는 '종말기 의료 가이드라인' 형태로 환자와 가족이 원하면 연명 치료를 중단하는 실질적인 존엄사가 확산되고 있다. 자신이 살던 집에서 가급적 고통 없이 죽는 것에 대한 관심이 많아지고 있는 것이다[이를 AIP(Aging In Place)라고 하는데 3장에서 자세히 다루겠다].

현재까지 안락사가 허용된 곳은 2002년 네덜란드를 시작으로 스위스, 벨기에, 룩셈부르크, 캐나다와 미국의 일부 주 정도다. 이 중 외국인의 안락사까지 지원하는 곳은 스위스뿐이다. 하시다 스가코가 찾아 가보고 싶다고 했던 스위스의 안락사 지원단체인 디그니타스(www.dignitas.ch)는 비영리기관인데 등록 조건이나 절차가 매우 까다롭기로 유명하다. 하지만 어렵게 회원이 됐어도 실제로 실행까지 옮기는 경우는 3%에 불과하다고 한다. 한편 디그니타스의 발표에 따르면, 2012년 이후부터 2016년까지 한국인 신청자 수는 18명으로 일본 17명보다 많았다. 우리나라도 2018년 2월부터 일부 질병에 한해 안락사가 가능한 국가가 되었다. 2018년 5월에는 104세의 세계적인 생태학자 데이비드 구달이 스위스 바젤의 라이프 서클클리닉(www.lifecircle.ch)에서 베토벤의 〈환희의 송가〉를 들으며 존엄사로 생을 마감했다. 호주 출신인 구달은 다른 나라도 스위스의 선례를 따라주길 희망한다고 말했다.

아름다운 마무리, 생전 정리 및 유품 정리 _____

죽음이라는 큰 이벤트를 앞두고 생전에 정리해야 할 것이 의외로 많다. '생전 정리'라고도 불리는데 살아서 움직일 때 주변의 물품을 정리하고 사회적 관계도 정리하는 것이다. 이 역시 슈카츠의 일종이다.

'누군가 내 유품을 정리하는데 어려움을 겪지 않을까?', '간병이나 간호로 자식에게 폐를 끼치고 싶지 않다'라는 생각으로 생전 정리를 중요하게 생각하는 일본인이 꽤 많다. 일본인답다. 살던 집의 처분방법을 생전에 미리 계약해놓는 사람도 있고, 최후를 병원에서 맞이하기 위해 철저하게 준비하는 사람도 많다. 자신의 장례식장, 납골당을 미리 준비해놓는 셀프 장례 준비 역시 생전 정리이자 슈카츠다.

영정 사진도 매우 중요한 슈카츠다. 영정 사진을 급하게 준비하면 고인의 표정이 굳어 있거나 화질이 불량한 경우가 많은데 이러한 상황을 미연에 방지하고 싶은 것이 시니어의 마음이다. 그래서 메이크업에 드레스까지 갖춘 화사한 영정 사진을 찍는 시니어가 늘고 있는 추세다. 매년 해를 넘길 때마다 영정 사진을 업데이트하는 사람도 있다.

셀프 장례 준비가 확산되는 이유는 부모의 간병, 장례식, 묘지 관리 등을 할 수 있는 후손이 줄어들고 있기 때문이다. 부담을 주기 싫은 것도 있지만 자식이 있더라도 부부만 생활하는 경우가 대부분이고 가끔 자식이 먼저 세상을 등지기도 한다. 우리나라도 점점 그 추세로 가고 있다.

참으로 껄끄러운 상상이지만 어느 날 갑자기 부모가 생을 마감했다고 가정해보자. 무엇부터 해야 할까? 앰뷸런스, 병원, 사망진단서, 장례식장 섭외, 조문객 알림, 3일장, 발인, 화장, 납골당 등등 알아보고 계약하고 거쳐야 할 일이 너무나 많다. 이런 장례절차가 끝이 아니다. 그다음에도 각종 명의 변경, 유산 분할 수속, 각종 금융업무 정지 및 정리, 자택 처분, 가스나 전기 차단 등 해야 할 일이 많다. 여기서 끝이 아니다. 버려야 하지만 쉽게 버릴 수 없는 유품 정리가 남았다. 소파나 장롱 등 크고 작은 가구, 그 속의 옷가지와 침구류, 주방에 꽉 들어찬 손때 묻은 식기류, 가전제품, 앨범, 액자, 책, 심지어 안경까지…. 바로 버리자니 불효인 것 같고, 갖고 있자니 짐도 이런 짐이 없다. 따로 떨어져 살고 있다면 유품 정리 때문에 부모의 집을 몇 번이고 방문해야 한다. 물론 모시고 살고 있었다고 해도 쉬운 일은 아니다.

이런 어려움을 호소하는 사람이 많아지자 일본에 사망자의 유품만 전문적으로 정리하는 사업자가 생겼다. 전국에 9,000개 정도나 있다. 비용을 안내하는 유품정리닷컴 등의 사이트도 좋은 반응을 얻고 있다. 생전 정리를 포함해 유품 정리, 쓰레기 소각, 특수 청소 등 다양한 정보를 얻고 견적을 비교해볼 수 있다.

우리나라에도 '뭐든지 다 산다'라면서 폐품을 수거하는 트럭이 골목을 누비지만 실제로 정리를 의뢰하면 뭐든지 다 사주지는 않는다. 결국 유가족이 주민센터에 대형 폐기물 수거를 요청해야 한다. 과거에는 화장장에서 시신과 함께 일부 유품을 태워줬지만 지금은 환경오염 때문에 불가능하다.

일본에서는 유품 정리 사업이 향후 20년간 확실하게 수익을 올릴 수 있는 일자리라고 인정하는 분위기다. 초고령사회가 지속된다는 것은 쉽게 바뀌지 않을 팩트(Fact)이기 때문이다. 시대의 흐름에 따라 유품 정리 사업자 수가 증가하자 유품정리사인정협회가 설립되었다. 유품정리사를 육성하는 전문 강좌를 운영하고 인정 시험을 실시해 자격을 부여하면서 유품정리업의 건전한 발전을 위해 일정한 가이드라인을 설정하고 각종 법률을 준수하도록 지도한다. 이런 유품정리사 자격은 운수업, 청소업, 리사이클업 등 관련 업종에 종사했던 사람들이 주로 취득하고 있는 추세다.

과거와 달리 정리해야 할 유품이 하나 더 늘었다. 바로 디지털 흔적을 지우는 일이다. 한때 미국 젊은이들이 취업을 앞두고 SNS에 올렸던 좋지 않은 흔적이나 공개되기를 원치 않는 사진, 댓글을 지우면서 디지털 흔적 지우기가 유명해졌는데 이제 장례 사업에도 영향을 준 것이다.

디지털 장의사, 사이버평판관리사, 사이버 언더테이커 등 불리는 이름도 많고 클린 미(Clean Me), 잊힐 권리 등 취지도 다양하지만 하는 일은 비슷하다. 스마트폰 같은 디지털 기기나 인터넷상의 개인 정보 및 자료 등을 찾아서 삭제해주는 일이다. 추가로 사망 후 신세를 진 사람에게 메일을 보내 감사와 이별의 메시지를 보내는 서비스도 대행해주는 곳이 있다.

사실 자식 입장에서는 부모가 엔딩 노트 같은 것을 남겨주면 좋다. 장애나 치매에 걸리기 전에 노트에다 각종 아이디와 비밀번호를 기록해두면 사후에 후손들이 당황하지 않을 것이다. 이는 일종의 유언장이다. 셀프로 준비한 장례절차, 재산 처분방법을 기록해두는 것은 생전 정리 차원에서 매우 유의미한 일이다. 더 나아가 자신이 세상을 떠난 후에 자식들이 봤으면 좋겠다는 편지를 넣어둔다면 더욱 더 좋을 것이다.

쉽게 끝나지 않을 엔딩 산업

지금까지 살펴본 것들이 일본의 장례 관련 비즈니스다. 일본에서는 이를 '엔딩 산업'이라는 신조어로 부른다. 전문적으로 장례 서비스를 제공하는 사업소가 1만 6,000개 이상이며 매년 증가하고 있다. 100명 이상을 수용할 수 있는 대형 장례식장뿐만 아니라 소형 장례식장, 심지어 앞서 언급한 것처럼 시신호텔도 운영되고 있다. 결혼이 줄어드는 추세에 발맞춰 결혼식장을 영결식장이나 추모관으로 개조하기도 한다. 야노경제연구소의 조사에 따르면, 2010년 시점으로 장례 관련 산업 규모는 2조 2,189억 엔(22조 1,890억 원)이다. 슈카츠 비즈니스로 한정하면 1조 엔(10조 원) 규모인데 컨설팅업체 후나이종합연구소는 매년 10% 이상씩 성장할 것으로 전망했다.

주요 도시에서는 지속적으로 엔딩 산업전이 열린다. 2015년부터 도쿄 빅사이트에서 엔딩 산업전이 열리고 있으며 2017년에는 320개사가 참여했다. 오사카에서도 간사이 엔딩 산업전이 열린다. 산업

전에는 장의·매장업계뿐만 아니라 화훼, 사찰, 유통, IT 등 다양한 업계가 참가한다. 입관사(納棺士) 콘테스트, 분향화 콘테스트, 고인 화장사(美坊主) 콘테스트 등 다양한 이벤트도 열린다. 한편 엔딩 산업도 IT화, 하이테크화가 진전되어 비석에 붙은 QR코드를 스마트폰으로 스캔하면 고인의 사진을 볼 수도 있다. 또한 인터넷 장례식을 통해 멀리서도 생중계로 문상하고 조의금 송금까지 할 수 있다.

누구에게나 찾아오는 가족과 지인의 죽음을 좀 더 심플하게 준비할 수 있도록 하는 과정이 하나의 엄연한 비즈니스로 자리 잡고 있는 중이다.

주거

시니어에게 '집'은 매우 중요한 공간이다. 생을 마감하기 직전까지 하루의 거의 대부분을 머물러야 하기 때문에 심리적 안정을 취할 수 있는 공간이어야 한다. 그렇기 때문에 살고 있는 집에서 생을 마감하고 싶어 한다.

선진국에서는 활기찬 노후를 위해 지금까지 살던 곳에서 다양한 사람들과 교류하면서 공동체를 만드는 시니어들이 있다. 미국에서는 CCRC, NORC, 코하우징 등 시니어 커뮤니티가 속속 만들어지고 있다. 살던 집을 안전하고 편리하게 개조해주거나 전구 교체 등 집안을 대신 정리해주는 서비스도 성행하고 있다.

시니어 간의
커뮤니티를 형성하다

미국의 CCRC(Continuing Care Retirement Community, 연속적 케어형 은퇴자 공동체)는 '일정 나이 이상의 시니어들이 대규모 주택단지 안에 모여 살면서 전문적이고 연속적인 케어를 받는 공동체'를 의미한다. 언뜻 양로원을 떠올릴 수도 있겠지만 대규모 주택단지, '전문적 및 연속적'이라는 수식어가 붙는다는 차이점이 있다.

일반적으로 CCRC는 맞춤형 서비스를 제공하기 위한 치매요양소(Dementia Unit), 재활센터(Rehabilitation Center) 등의 의료 시설 외에 혼자서도 독립적 생활을 할 수 있는 건강한 노인을 위한 시설(Independent Living), 약간의 보조를 통해 일상생활을 영위하는 노인을 위한 시설(Assisted Living), 혼자서는 생활할 수 없어 전적인 지원이 필요한 노인 환자들을 위한 시설(Skilled Nursing Home) 등으로 주거지를 분류해 맞춤형 서비스를 제공하고 있다. 한편 체계적인 서비스 시스템이 가진 장점 때문에 단독주택(Active Senior Housing)에 거주하면서 직장을 다니는 건강한 노인도 늘어나는 추세다. 이처럼 CCRC는 건강할 때는 물론이고 의료와 간병이 필요하게 되었을 때, 그리고 인생 마지막 순간을 맞이할 때까지 이주를 하지 않은 채 계속 케어(Care)를 받을 수 있다는 장점이 있어 은퇴자 마을의 대명사로 통하고 있다.

미국 CCRC의 시작은 18세기로 거슬러 올라가는데 지금처럼 현대화된 CCRC는 1970년대부터 본격적으로 등장했다. 주로 버지니아, 플로리다 등 미국 남동부 지역과 캘리포니아 등 기후가 따뜻한 곳에 집중적으로 형성되었다. 대표적 노인질환인 관절염이 습도가 높거나 기압이 낮을 때 더 심해지기 때문이다. 이 지역들을 통틀어 선벨트(Sun Belt)라고 부르기도 한다.

55세 이상 은퇴자들의 천국, 레저월드 _____

미국의 대표적 CCRC인 레저월드(www.leisureworldmaryland.com)는 55세 이상 은퇴자들의 천국이다. 메릴랜드, 캘리포니아, 애리조나, 뉴저지, 버지니아 등 7곳에 지점이 있는데 그 중에서도 1966년에 오픈한 메릴랜드 1호점은 동부에서 가장 큰 은퇴자 커뮤니티로 통한다.

8,500여 명의 시니어가 살고 있는 레저월드 메릴랜드의 규모는 약 250만 제곱미터(약 75만 평)이며 그 안에 고층 및 저층 콘도, 안

뜰이 있는 주택, 타운하우스, 단독주택 등 다양한 스타일의 집이 있어 시니어들이 각자의 예산에 맞춰 집을 고를 수 있다.

주거지역은 18홀 골프장, 클럽하우스, 피트니스센터, 수영장, 은행, 병원, 레스토랑 등 다양한 편의 시설로 둘러싸여 있다. 출입구 3곳은 24시간 보안이 유지되고 단지를 돌아다니는 무료 셔틀버스도 있지만 레저월드플라자 등의 대형 쇼핑몰이 노인도 충분히 걸어 다닐 수 있는 가까운 거리에 있다.

레저월드의 장점 중 하나는 집을 유지 및 보수하는데 시간을 할애하고 애를 쓸 필요가 없는 것이다. 레저 시설에서 시간을 보내는 것 같은 여유로움만 즐기면 된다. 예를 들어, 미국 시니어에게 가장 큰 스트레스 중 하나인 앞마당 잔디 깎기나 눈 치우기는 레저월드 직원들이 대신 한다. 목공과 페인팅, 전기와 배관 공사, 냉·난방 공사, 주방과 욕실 공사 등도 기본적인 서비스로 제공된다. 심지어 전구 교체, 액자 걸기, 연기 탐지기 확인, 배터리 교체처럼 사소하지만 살면서 꼭 해야만 하는 집안일에 신경 쓸 필요도 없다. 그래서 더 많은 시간을 자기 자신에게 투자할 수 있다. 종교 모임, 여행, 공예, 피트니스 등 80여 개에 이르는 다양한 소모임에서 온전히 자신이 좋아하는 일만 하면서 여생을 보낼 수 있다. 그것도 정기적으로 의료 검진까지 받으면서 편안하게 말이다. 미국에는 2만여 개의 실버타운과 1,000세대 이상의 은퇴마을이 3,000여 곳에 달하며 7,000여 개의 노인전문병원이 있는데 80% 이상이 민간 기업에서 운영하고 있기 때문에 커뮤니티의 차별화가 이뤄지고 있다.

앞으로의 CCRC는 지역사회에 공간과 프로그램, 서비스 등을 개방해 열린 소통을 지향하는 것이 이슈가 될 전망이다. 울타리로 둘러싸인 공간에 노인들을 집단으로 '수용'하는 것이 아니라 지역사회와 함께 열린 커뮤니티를 형성하면서 '생활'하게 하자는 것이다. 애리조나의 선시티(Sun City)처럼 도시 전체가 CCRC인 곳도 있기 때문에 지역사회와의 융화는 매우 중요한 요소가 될 것이다. 하지만 선시티는 여가 활동을 중심으로 디자인된 '연령 격리 커뮤니티' 사례 중 하나로 비판받기도 했다. 장기적인 케어를 목적으로 한 CCRC가 시니어만의 폐쇄적이고 고립적인 환경을 만들자 지역사회에서 배제된다는 문제가 지적된 것이다.

대학가에 은퇴자 커뮤니티를 조성하는 UBRC _____

이러한 문제가 지적되자 대학가가 새로운 대안으로 주목받기 시작했다. 바로 졸업생들을 대학 공동체로 들어오게 만드는 것이다. 지역사회 또는 주니어 세대와 함께 노후 생활을 하게 만드는 CCRC인 UBRC(University Based Retirement Communities, 대학 기반의 은퇴자 공동체)가 그것이다. 활동적인 노후 생활과 평생 교육이 가능하기 때문에 시니어들의 좋은 반응을 이끌어낼 수 있었다. 대표적 사례로는 스탠포드대학교, 노틀댐대학교, 듀크대학교, 코넬대학교 등과의 연계가 있다. 일본에도 칼리지링크(College Link)형 시니어 커뮤니티가 존재한다.

UBRC는 대학교가 사업 주체가 되어 은퇴자 커뮤니티를 직접 운영하거나 은퇴자 커뮤니티가 대학교의 다양한 교육 프로그램 등을 이용할 수 있도록 해 시니어와 대학교 모두 선순환의 시너지 효과를 얻는 구조다. 이처럼 선순환 구조라 부르는 이유는 다음과 같다.

먼저 학생 수 감소로 수익성이 떨어진 대학교에서 시니어들의 배움에 대한 욕구를 충족시켜주기 위해 다양한 평생 교육 프로그램을 개설한다. 시니어들은 더 늦기 전에 하고 싶던 공부를 하려고 학교를 찾는다. 강의는 재학생과의 비율을 고려해서 적정 인원을 시니어에게 배정하거나 아예 시니어들만을 위한 별도의 강좌가 개설될 수도 있다. 그렇게 시니어들이 대학가로 이주하면 대학가의 공동화 현상을 늦출 수 있다. 다양한 세대가 함께 지내면서 지역 경제에 도움이 되는 것은 물론이다. 학생 수가 많이 감소한 대학교라면 아예 기숙사나 강의동 건물을 시니어들을 위해 내놓을 수도 있다.

시니어들이 배움에 대한 욕구가 적을 것이라고 생각한다면 오산이다. 시니어가 될수록 시간적인 여유가 많고, 자녀 교육과 지원에 대한 부담이 줄어들면서 상대적으로 경제적 여유가 생기자 지적 호기심을 채우는 공부와 여가를 선호하게 되었다. 일종의 버킷 리스트(Bucket List)가 생기는 것이다.

UBRC는 지난 20여 년 동안 꾸준히 성장해왔다. 향후 20년 동안 미국 4,000여 개의 대학교 중 약 10%에 해당하는 400여 개 대학교가 UBRC를 추진할 것으로 전문가들은 예상하고 있다.

우리나라에서도 UBRC의 전망이 밝은 편이다. 저출산의 영향으로 수험생들이 계속 줄어들고 있기 때문이다. 전국의 크고 작은 대학교들이 조만간 신입생을 받지 못해 허덕이게 될 것이다. 특히 지방에 위치한 중소 규모의 대학교들은 더욱 그렇다.

대학 캠퍼스는 기본적으로 녹지가 풍부하며 공기가 좋은 곳에 있다. 넓은 땅이 있으므로 관련 사업을 하기 좋은 조건을 갖고 있다. 기초 인프라를 갖춘 몇몇 대학교가 관심을 갖고 움직이기 시작했으나 관련 법령이나 수요 예측, 건축, 리모델링 등 선결해야 할 문제가 많아 현재는 진척이 더딘 편이다.

2006년 세계 최초로 초고령사회에 진입한 일본은 시니어가 폭발적으로 늘어나자 재가 요양을 책임질 인력이 부족해졌다. 가족은 물론이고 NPO, 지역 주민의 자원봉사까지 적극적으로 활용하면서 초고령사회에 대응했지만 희생과 봉사에 의지하는 케어에는 한계가 있었다. 게다가 시니어 1인 세대가 급격히 늘어나 지역 내 커뮤니티 형성에 어려움이 생기자 재가 요양 보급이 어려워졌다.

그러자 일본 정부는 미국의 CCRC를 참고해 '일본형 CCRC 구상'을 2015년에 공표했다. 일명 '생애활약마을'로 불리는 이 정책의 모토(Motto)는 '하루라도 더 건강할 때 지방으로 이주해 생애 학습과 사회 활동을 시작하고, 건강이 악화되더라도 그곳에서 간호를 받으면서 계속 생활할 수 있게 하자'였다. 대도시보다 앞서 고령화가 진전된 지방에는 이미 노인들을 위한 기존 시설이 있어 활용할 수 있다는 점, 생활비가 도심보다 저렴해 노인들의 생활 수준이 개선될 수 있다는 점, 저출산과 청년층의 도시 유출로 인한 지방 공동화현상을 보완할 수 있다는 점, 그렇게 되어 지방 경제 활성화에 도움이 될 수 있다는 점 등의 장점이 있다. 때마침 일본에서는 2011년 동일본 대지진 이후 '집은 자산이 아니라 내가 살기에 좋아야 하는 곳'이라는 개념이 확산되기 시작했다.

우리가 만드는 마을, 일본형 CCRC

시니어의 지방 이주와 관련해서 이시카와현 카나자와에서 추진한 '셰어 카나자와(www.share-kanazawa.com)'가 선구적 모델로 주목받고 있다. 대표적인 일본형 CCRC로 불리는데 2014년 국립병원이 있던 3만 6,000제곱미터(약 1만 1,000평) 부지에 마을을 조성하면서 시작됐다. 운영 주체는 종교법인인 불자원이다. 시니어용 주택 건설로 시작했다가 WHO의 고령친화도시 8요소를 접목해 지금의 셰어 카나자와가 되었다. 이 과정에서 자치회 및 주민들이 참여해 '내가 만든 마을', '뒤범벅 마을' 등의 뚜렷한 콘셉트를 잡아나갔다.

셰어 카나자와에는 32개의 서비스 제공 시니어 주택을 중심으로 한 데이케어 서비스, 방문 요양, 아동 발달 지원 시설 등의 복지 시스템이 있으며 지역 주민이 무료로 '셰어(Share)'할 수 있는 공동 부엌, 천연 온천, 식당, 스포츠센터, 세탁소, 약국 등이 마을 곳곳에 분산되어 있다. 또한 거주자들이 직접 운영하는 상점과 사무실은 지역 공헌 활동의 거점이다. 셰어 카나자와에서 월 30시간의 봉사 활동을 채워야 한다는 입주조건을 내걸고 학생 주택의 월세를 반값으로 낮추는 등 젊은 피를 수혈하는 방안도 마련했다. 시니어, 장애인, 학생, 어린이 등이 구분 없이 뒤섞여 생활하는 커뮤니티, 즉 '뒤범벅 마을'이 될 수 있도록 여러 가지 장치를 마련한 것이다. 심지어 사람들이 어깨를 맞대고 서로를 배려하면서 생활하도록 일부러 길까지 좁게 만들었다.

셰어 카나자와의 특징이자 장점은 건강할 때는 지역 내에서 자원 봉사자로 활동하면서 다양한 세대와 관계를 맺다가 요양이 필요한 때가 오면 데이케어 서비스나 방문 요양의 서비스를 받게 된다는 점이다. 삶의 질이 급격히 나빠지는 마지막 투병기간에 대한 대책이 있으니 마음 편하게 자원봉사도 할 수 있는데 꾸준한 신체 활동은 시니어들의 마음과 몸을 건강하게 만든다. 더 나아가 '내가, 우리가 함께 만드는 마을'이라는 자부심은 사람의 마음을 건강하게 만들어준다.

이처럼 시니어들이 사회 활동을 통해 보람도 찾고 건강 수명도 늘리게 하겠다는 것, 과거처럼 서비스만 받던 수동적 시니어가 아니라 일, 봉사, 생애 학습 등에 적극적으로 참여하는 자주적 존재가 될 수 있게 하겠다는 것, 지역 내에서 여러 세대와 함께 교류하는 오픈형 주거 형태를 만들겠다는 것이 바로 일본형 CCRC 구상의 핵심이다. WHO가 제창한 활기찬 노후, AIP(Aging In Place), 세대 교류를 위한 고령 친화도시를 실현하고 있는 곳이 바로 셰어 카나자와이다.

2011년 5월에 설립된 일본의 아오이케어(www.aoicare.com)는 세대 통합형 요양원으로 유명하다. 치매로 인해 도움이 필요한 사람들을 위한 '치매 시니어 그룹 홈'과 짧은 기간 동안 거주할 수 있는 '개방 공간'으로 구성되어 있는데 이 개방 공간이 아오이케어의 장점이다. 지역 주민과 어울리고 떨어져 있던 가족과도 만날 수 있으며 시니어가 만든 물품이 판매되기도 한다. 세상과의 고립이 아닌 지역사회와의 상생을 의도한 것이다. 네덜란드의 휴머니타스(www.humanitas.nl)는 대학생과 시니어가 함께 하는 요양원이다. 대학생들은 자원봉사를 하는 대신 저렴한 가격에 거주할 수 있다. 그 대신 한 달에 적어도 30시간 이상을 좋은 이웃이 되어 활동해야 한다. 의무감보다는 세대를 초월한 유대감으로 생기가 넘치는 요양원으로 거듭난 사례다.

사실 미국의 CCRC는 운영과 활동 대부분이 내부에서만 일어나고 지역사회와의 세대 교류는 소극적이다. 하지만 일본형 CCRC는 지역 내 기업의 지원과 장애인, 어린 학생 등 다세대 교류를 통해 지역사회와 연계하는 것을 중요하게 여기고 있다. 동서양 문화 차이에 따라 정책의 방향성이 달라진 것이니 마을공동체를 기반으로 하는 동양 문화권인 우리나라도 참고한다. 함께(Co) 살지는 않지만 서로 연계해 살아가는 개인(Individual), 즉 'Co-Dividual'에 대한 고민이 필요한 시점이다.

우리나라의 실버타운은 지금?

우리나라 은퇴자 커뮤니티의 역사는 그리 길지 않다. 양로원, 노인정의 문화는 아주 오래전부터 있었지만 이와 관련해서 본격적으로 산업화가 시작된 것은 1993년 노인복지법 2차 개정과 함께 노인 요양 및 양로 시설에 처음으로 유료 개념이 도입되면서부터다.

민간 기업이나 개인도 유료 양로 시설을 설치 및 운영할 수 있게 된 1990년대 중반부터 전국 각지에 실버타운(노인복지주택)이 들어서기 시작했다. 농촌 등에 산을 끼고 형성된 초창기 전원형 실버타운은 외로움을 두려워하는 노인들에게 외면받았고 그 이후 수도권 내 신도시 등에 들어선 도시 근교형 실버타운은 분양 실패나 경영 악화 등의 문제로 입주자들이 피해를 입는 사례가 적지 않았다. 그다음에 등장한 것이 도심형 실버타운이다.

최근 주상복합이나 단독 건물에 들어선 호텔 수준의 도심형 실버타운은 병원을 소유한 대학이나 대형 병원이 직간접적으로 운영하는 경우가 많은데 기존의 실버타운과 차별되도록 시니어타운 등의 이름을 붙였다. 확실히 차별되는 지점이 있다. 바로 비용이다. 도심형 실버타운 대부분은 고액의 보증금을 낸 뒤, 생활비(식비 포함)를 월세방식으로 납부한다. 한 도심형 실버타운의 경우 보증금 9억 원 (최대 12억 원)에 월세 400만 원(부부 기준)에 달하는데도 자리가 없을 정도다. 24시간 제공받는 호텔급 서비스(식사는 전용 레스토랑에서, 집안 살림은 호텔 룸 메이드가 함), 종합병원의 건강 관리, 편리한 교통, 가까운 쇼핑몰, 집단 생활에서 느끼게 되는 피로감 대신 개인

프라이버시 유지 가능 등의 장점 때문에 상위 1% 수요자들에게 인기가 많다. 우리나라가 고령사회에 접어들고 소득수준이 높아지면서 부익부 현상이 심해진 만큼, 럭셔리급 실버타운에 대한 수요는 앞으로 더 늘어날 전망이다.

비즈니스 측면에서 바라볼 때 간과하지 말아야 할 점이 있다. 우리나라의 실버타운은 초기 투자 비용에 비해 수익성이 그리 높지 않다는 점이다. 우리나라는 미국처럼 땅이 넓지 않으며 상대적으로 부동산 가격이 높다. 완벽한 시스템(도시 접근성, 규모의 경제적 측면, 서비스 시설 완비 등)이 갖춰진 은퇴자 마을을 건설할 만한 땅이 거의 없다고 할 수 있다. 따라서 '노인들을 위한 시설을 새로 짓겠다'라는 시설 중심의 정책보다 '현재의 주거지에서 건강하게 오래 살 수 있게 돕겠다'라는 주택 중심의 보완책을 찾는 것이 옳다. 무엇보다 소비자들, 즉 시니어들이 '지금 이 집에서 죽을 때까지 살고 싶다'라는 강력한 니즈를 갖고 있기 때문이다. 소비자들의 니즈에 부합하는 상품을 개발하는 것이 비즈니스라고 본다면 다음에 소개할 NORC, AIP가 그런 사례다.

한편 위례신도시에 정부가 저소득층을 위해 운영하는 공공실버주택이 들어섰다. '공공실버주택'이란, 독거노인 등이 주거지 내에서 편리하게 복지 서비스를 이용할 수 있도록 영구임대주택 1개동에 복지관과 주택을 함께 넣어 짓는 신개념 공공주택이다. 민간 기부금과 정부 재정으로 재원을 마련했으며 2016년 성남 위례신도시 164가구, 수원 광교신도시 150가구 등 전국 11곳에 1,234가구를 공급하고 있다.

우리나라에는 아직 일본처럼 도시 계획 차원의 노인 주거단지는 전무하다고 할 수 있다. 2008년 노인장기요양보험이 시작된 이래 빠르게 확장되었지만 님비 현상 등으로 주거지역에 파고들지 못했다. 겨우 기본적인 배리어 프리만 갖춘 노인형 주택이나 임대주택의 일정 비율을 노인에게 배당하는 정도다. 따라서 관련 사업의 확장 가능성은 크다고 할 수 있다. 고령화가 남의 문제가 아니라 나와 우리의 문제라는 의식이 확대되고 시니어 관련 비즈니스 시장이 커지면 좀 더 나은 미래가 되지 않을까 기대해본다.

살던 집에서 서비스를 받다

미국은퇴자협회(AARP: American Association of Retired Persons)
가 2000년에 조사한 내용에 따르면, 뉴욕 독거노인의 수가 증가 추
세에 있었는데 그 중 89%의 55세 이상 노인이 현재 사는 곳에서
계속 거주하고 싶어 했다. 미국 시니어들 대부분이 은퇴자만을 위
한 별도의 마을이나 시설에 들어가 '관리되기'보다는 자신이 살고
있는 집, 그리고 지역사회 안에서 '생활하기'를 희망했던 것이다. 실
제로 2015년부터 2016년까지 오직 3%의 시니어들만이 이주했으
며 반대로 65세 미만의 경우에는 13%가 이주했다.

마을은 국가의 축소판이다. 한 마을에 젊은 세대가 들어오지 않
고 기존 세대만 머문 채 늙어가기만 한다면 자연스럽게 고령화 마
을이 된다. 특정 지역의 젊은 주민들이 60대가 되어서도 그대로 거
주하고 그 주민들이 전체 거주자의 절반 수준이 되면서 자연스럽

게 하나의 커뮤니티가 형성되었을 때를 NORC(Naturally Occurring Retirement Community)라고 한다. 직역하면, '자연 발생적 은퇴자 주거 공동체', '자연적 은퇴 공동체'라고 할 수 있다.

마을이 고령화가 되면 지역 경제가 위축되는 등 생기를 잃게 될 가능성이 높다는 데에 인식을 같이 한 주민들이 자발적으로 나서 마을을 바꾸기 시작했다. 자원봉사단체 등을 중심으로 식당, 병원, 헬스장, 극장 등을 하나로 묶어 생활하기 편리한 대형 실버타운처럼 만들자는 운동을 시작했는데 점차 미국 전역으로 확산됐다(2017년 기준, 뉴욕에만 27개의 NORC가 운영 중이다).

NORC의 프로그램에서는 은퇴한 노인들이 먼 곳에 있는 장기 요양 시설을 이용하지 않더라도 거주지에서 편안하게 홈 케어, 무료 건강 검진, 헬스케어 등 다양한 요양 서비스를 제공받을 수 있도록 하는 것이 중요한 포인트다. 또한 자신의 정든 집에서 노후를 보내면서 신체적 건강을 유지하고 동네의 또래 노인들과 사교 활동이나 봉사 활동을 통해 은퇴 이후의 우울하고 고립된 삶이 아닌 즐거운 제3의 인생을 살 수 있게 하는 것이다.

사실 나이가 들어서 혼자 사는 것은 사회적인 퇴보와 고립으로 이어질 수 있다. 정신 건강문제, 신체적 퇴화, 부상, 의존성, 단명이나 고독사 등 더 심각한 결과를 초래할 수도 있는 문제다. 그렇기 때문에 노인에게 사회적 유대관계는 매우 중요하다.

NORC는 정부기관, 주택 파트너, 자선단체, 기업, 지역사회의 이해 관계자, 거주민들의 수입 및 현물 지원 등 공적 자금과 개인 자금이 결합되어 운영된다. 예를 들어, 세인트루이스 NORC 회원들이 받는 서비스를 돈으로 환산하면 500달러(55만 원) 정도의 가치가 있지만 주 정부, 지역 내 기업, 민간단체의 기부금 등을 통해 연회비를 30달러(3만 3,000원)로 낮춰 운영하고 있다[부부의 경우에는 45달러(4만 9,500원)].

회원들이 다양한 서비스 혜택을 누릴 수 있도록 지역 내 상점, 병원, 공공기관 및 종교단체 등과 긴밀한 파트너 관계를 맺고 있다. 혼자서 공공요금이나 가계 관리를 할 수 없는 노인들에게는 자원봉사자가 매달 정기적으로 방문해 도움을 주기도 한다. 회원들의 주택 개·보수 공사나 수리 서비스도 자원봉사자들이 지원한다.

NORC는 CCRC처럼 계획적으로 만드는 것이 아니라 지역에 기반을 두고 자연 발생적으로 형성된 것이기 때문에 해당 지역에 거주하는 노인들에게 필요한 서비스의 종류를 파악하고 제공하는 데 매우 유연하다는 특징을 갖고 있다. 또한 고령화 시대를 맞이함에 있어 지역사회, 공동체의 역할이 얼마나 중요한지 보여주는 좋은 예가 될 수 있다. 애초에 NORC가 유태인연맹의 프로그램에서 시작된 것처럼 말이다.

NORC의 프로그램이 특별히 매력적이고 미래 지향적인 이유는 정부의 복지 예산을 절감시켜주기 때문이다. 미국의 경우 개인이 장기 요양 시설 비용을 충당하기가 결코 쉽지 않다. 그래서 고령 인구가 많아지면 사회보장보험 등 국가가 부담해야 할 비용이 늘어나게 된다. 따라서 정부 차원에서도 새로운 사회 보장 장치가 필요한

데 NORC와 서로 부합되는 것이다.

NORC의 또 다른 매력은 몸과 마음이 약해진 노인들이 내 집과 지역사회에서 가능한 오랫동안 살고 싶어 한다는 본능적 욕구를 충족시켜준다는 점이다. '내 집에서 늙고 싶다'라는 의미의 AIP를 가능하게 하는 프로그램 중 하나인 것이다.

우리나라의 경우에는 어떨까? 골목문화가 사라지고 아파트공화국이 된 지금, 주택이 삶의 터전이 아니라 수익을 창출하는 매물로 사용되는 지금, 우리에게 '자연 발생적 은퇴자 마을'이 존재하기는 하는가? 젊은 세대가 떠나고 노인들만 남아있는 농어촌에 NORC가 도입될 수 있을까? 쪽방촌이나 고시원처럼 상대적 빈곤층이 모여사는 동네를 NORC라는 프로그램으로 묶을 수 있을까?

어떻게 보면 우리나라의 시골은 나름대로 NORC, AIP가 이뤄지고 있다고 할 수 있다. 특히 노인정, 마을회관이 NORC의 역할을 일부 수행하고 있다. 그곳에 모여 지역사회의 현안을 논의하고 품앗이를 계획하고 함께 식사를 한다. 치매 예방교육, 노래 교실, 건강 체조 등 다양한 시니어 프로그램도 진행되고 있다. 이런 곳에 부족한 부분이 바로 의료 시설과의 지속적 연계, 재가 요양을 지원할 봉사자 등이다. 과거 일본이 그랬듯이 우리나라도 한국형 NORC에 대한 장기적 정책을 수립해야 한다.

한국형 NORC는 하루라도 빠르게 수립하고 장기적 관점으로 접근해야 한다. 이제 고령화는 지방만의 문제가 아니다. 도시도 고령화가 급속히 진행되고 있다. 이제 구옥 마을은 물론이고 분당이나 일산 등의 초기 신도시까지 자연스럽게 고령화 마을이 될 것이다. 한국은 AIP에 대한 니즈가 특히 강하기 때문에 고령화 마을의 속도는 매우 빠를 것으로 예상된다. 수도권의 고령화문제에 대한 대비가 필요한 시점이다.

해외에서는 고령화문제를 해결하기 위한 방안으로 '지역'에 주목하고 있다. 고령화에 대응하는 기본적인 생각은 지역 공동체 중심으로 지금까지 살아온 지역과 집에서 노후를 보내자는 것이다. 오랫동안 살고 있기에 내가 가장 잘 아는 공동체에서 어울려 지낸 친한 이웃들과 여생을 함께 보내는 것이 바로 AIP다.

자신이 오랫동안 속해 있었던 공동체에서 노후에도 생활을 이어 할 수 있다는 것은 시니어들의 삶에 큰 안정감을 준다. 그 자체만으로도 건강 유지에 도움이 된다. 이것이 'AIP(Aging In Place)', 'AIC(Aging In Community)' 개념이다. 선진국들은 여기에서 한발더 나아가 도시의 고령화문제에 대응하기 위해 고령 친화도시(Age Friendly City)를 만들고 있다.

한국은 물론이고 미국과 일본 역시 처음에는 실버타운 같은 시설

위주의 복지정책에 주력했다. 그러나 집단 시설에는 한계가 있다는 것을 알게 되면서 AIP를 시니어 정책의 기본 이념으로 채택하고 있다. 사실 AIP는 시니어들의 관점에서 보면 시설에서 '관리'되는 것이 아니라 집에서 '생활'하는 것이 더 중요하게 부각된 개념이다. 연령, 소득, 능력 수준에 관계없이 자신이 살던 집과 공동체에서 안전하고 자립적으로 살 수 있다는 것은 인간 삶의 질, '복지'에 해당하는 중요한 부분이라고 할 수 있다. 최근에는 그 지역(Place)을 집에만 국한하지 않고 지역사회까지 포괄하는 광의적 해석으로 확장되는 추세다. AIP 실현을 위해 커뮤니티의 케어가 필수적 요건으로 대두되면서 커뮤니티에서 늙어가기(Aging In Community)로 개념을 재정립하고 있는 것이다.

많은 국가가 AIP를 시니어정책으로 채택하는 이유는 노인들을 시설에 보냈을 때 발생하는 문제가 적지 않고 가능하면 시니어가 오랫동안 자택 및 공동체에 있어야 시설 돌봄에 드는 비용을 절감시킬 수 있기 때문이다. 이 AIP가 바로 앞에서 말한 NORC의 핵심이다. 자신의 주거지에 연속적으로 사는 것은 좋지만 혼자 살거나 주거 환경이 좋지 못할 경우 정서적 고립이나 고독사 등 또 다른 사회문제를 초래하기 때문에 앞에서 소개한 NORC 프로그램이 AIP를 가능케 하는 시스템이다.

미국에서는 AIP의 솔루션으로 1986년 NORC 모델 이후 2001년 빌리지(Village) 모델이 등장했다. 그 중에서 '노후에도 내가 살던 지역과 집에서 서로 소통하며 나이 들어가는' 빌리지 모델이 주목을

받았다. 사회와 환경을 바꿔 노인들 삶의 질과 활동영역을 넓힌다
는 측면에서 접근한 정책이었는데 지자체 중심의 풀뿌리 지역사회
의 노력 결과물로서 인정을 받았다. NORC처럼 마을 사람들을 서비
스로 움직이는 것이 아니라 사람들에게 서비스를 제공하는 전략을
채택하고 있기 때문에 가장 훌륭한 지역별 양로원 시설의 개발 모
델들 중 하나로 부각된 것이다.

물론 NORC와 빌리지, 두 모델의 목적은 공통적으로 AIP를 증진
시키는 것에 있다. 노인들에게 제공하는 서비스에는 큰 차이점이
없지만 재원 마련과 마을의 구성원부분에 차이점이 있다. NORC 모
델은 전통적으로 건강과 사회복지 서비스를 제공받았던 노인들을
대상으로 하기 때문에 정부의 지원이 필요하지만 빌리지 모델은 더
젊고, 건강하고, 사회적·경제적으로 여유가 있는 노인들로 구성되
어 있다는 차이점이다.

대표적 빌리지 모델, 비콘힐빌리지

최초의 빌리지 모델로 알려진 비콘힐빌리지(www.beaconhillvillage.
org)는 1999년 같은 지역(보스톤)에 사는 노인 12명이 모여 미래에
대한 대화를 나누면서 시작되었다. 훗날 혼자가 될 때를 생각하며
집, 의료, 친목 등에 대한 걱정을 하다가 스스로 자신을, 서로를 돌
볼 수 있는 방법에 대해 고민했다. 그 후 12명의 하버드대 동창생들
이 주축이 되어 멤버십 비용과 기부를 통해 운영되는 비영리단체를

조직하게 되었는데 그것이 바로 비콘힐빌리지다. 지금까지 미국의 대표적인 빌리지 프로그램으로 인정받고 있다.

창립 멤버들은 하버드대 경영대학원의 조언을 받아 현실적으로 가능한 노후 모델을 찾기 위해 노력했다. 매사추세츠종합병원을 파트너로 참여하게 했고 노인들의 집안일을 대신해줄 용역업체, 문화 및 체육 활동 등 필요 업무를 대신해줄 파트너 등을 확보했다. 회원들에게 저렴한 비용으로 외부 서비스업체와의 계약 연계를 추진하고 자원봉사자들을 영입해 회원들이 장보기와 교통수단을 활용할 수 있도록 지원했다.

빌리지는 노인을 위한 서비스뿐만 아니라 젊은 노인들에게 각종 문화 활동 서비스를 제공한다. 보스턴 내 대학들의 유명 강연을 듣거나 뉴욕까지 가서 클래식 공연을 감상하는 모임을 주최하기도 하고 보스턴 일대 레스토랑을 순회하는 점심모임을 만드는 등 적극적으로 생활하고 있다.

비콘힐빌리지는 2002년 첫 번째 가입자를 시작으로 현재 420여 명이 가입했다. 기본적인 가입조건은 50세 이상이며 서비스를 제공해줄 수 없는 다른 지역 회원은 받지 않는다. 연회비는 개인의 경우 675달러(74만 2,500원), 부부의 경우 975달러(107만 2,500원)인데 60세 이상이면서 연간소득이 개인의 경우 5만 5,150달러(6,066만 5,000원), 부부의 경우 6만 3,050달러(6,935만 5,000원) 이하이면 개인은 100달러(11만 원), 부부는 160달러(17만 6,000원)로 할인해준다. 컨시어지 서비스(Concierge Service), 문화예술 프로그램, 이동 서비스(쇼핑, 택시, 병원 방문 등), 홈 케어 할인, 집수리, 청소, 건강 프로그램 할인 등의 혜택을 준다. 식료품 쇼핑 등의 일부 서비스는 기본적으로 무료지만 가사 대행 서비스 등은 시중 가격보다 훨씬 저렴하게 제공하고 있다. 만일 연간소득이 5만 달러(5,500만 원) 이하라면 개인의 경우 100달러(11만 원), 부부의 경우 150달러(16만 5,000원)로 연회비가 낮아진다.

전문가들은 빌리지 모델이 AIP를 현실화함으로써 노인들이 고비용의 시설로 가는 시기를 가능한 늦춰주므로 결과적으로 돈을 절약하는 길이라고 말한다. 하지만 빌리지 모델들도 재정문제에 어려움이 있기는 마찬가지다.

빌리지 대부분은 자원봉사자들이 운영에 도움을 주기 때문에 예산과 회원의 회비를 동시에 줄여줄 수 있다. 하지만 본질적으로는 비영리기구이기 때문에 회비로 재정을 충당하는 경우가 대부분이다. 회비는 기금의 절반을 넘는 정도의 수준이고 나머지는 재단과 기부금에 의존하기 때문에 계속 모금을 추진해야 한다.

비콘힐빌리지도 마찬가지다. 비콘힐빌리지의 업무를 전담하는 직원은 4명에 불과하고 대부분 아웃소싱을 통해 해결하기 때문에 서비스 제공에는 문제가 없고 비용 또한 줄일 수 있다. 하지만 연간 예산에서 회비가 차지하는 비중이 55%에 불과하고 나머지는 부유한 회원들의 기부금이나 후원회 행사를 통해 충당해야만 한다. 그래서 부자들이 사는 동네가 아니라면 도입하기 쉽지 않은 노후 모델이라는 지적도 있다. 그럼에도 불구하고 "나이가 들어 혼자 살기 힘들지만 그렇다고 수십 년 정든 비콘힐을 떠나기는 싫은 사람들이 모여 고민한 결과물이 바로 빌리지"라고 설립 취지를 밝힌 빌리지 이사회 의장 수전 맥휘니모의 설명처럼 빌리지 프로그램은 노인들로 하여금 각자 처한 상황이 조금씩 다르더라도 가능하면 자신이 살던 곳에서 노후를 보내고 사교 활동영역을 넓히는 AIP를 실현할 수 있도록 도와주고 있다.

단순히 돕는다는 차원이 아니다. 회원들은 "저를 도우려고 하는 사람은 누구입니까?"라고 묻는 것이 아니라 "서로를 돕기 위해 우리 모두가 함께 무엇을 할 수 있을까요?"라고 묻는다. 남에게 의존하는 것이 아니라 스스로 자립하는, 긍정적 노후 생활을 보내고 있는 것이다. 또한 멤버들 사이에 초점을 맞추기 때문에 고립을 막아줄 수 있다. 배우자가 세상을 떠났을 때에도 회원들이 지속적인 지지로 도움을 주기 때문이다. 이러한 장점 때문에 비콘힐빌리지가 개발된 이후 유사한 프로그램이 미국에서 346개나 운영되고 있다. 그 중에는 필라델피아의 이스트 폴스 빌리지(East Falls Village)처럼 한 마을 단위로 운영되는 경우도 있고, 시애틀 북동쪽의 14개 마을을 포함하는 네스트 시애틀(Nest Seattle)처럼 광범위한 지역 단위의 빌리지도 있다.

AIP에 필요한 서비스

나이가 들수록 증가하는 의료 비용은 노후 생활에 커다란 걸림

돌이다. 비교적 노인장기요양보험이 잘 갖춰진 우리나라와 달리 요양 시설에서 생활하는 비용은 미국 시니어들에게는 큰 재정적 부담이다.

AIP를 실현한다고 해서 모든 문제가 해결되지 않는다. 내 집에서 나이를 먹는다는 것은 이동성이 감소하거나 자기 자신과 집을 돌보기 어려워지고 지역사회 활동에 참여하기 힘들어지는 등의 어려움과 직면한다는 의미다. 그래서 제대로 된 AIP를 실현하려면 다음과 같은 서비스가 제공되어야 한다.

개인 돌봄(Personal Care) 시니어들은 이동에 문제를 겪으면서 개인적으로 돌봐주는 사람을 필요로 하게 된다. 개인 돌봄의 영역은 옷차림, 목욕, 몸단장, 식사 등을 포함하는 일상적 자기 관리 활동은 물론이고 식료품 쇼핑, 요리, 살림살이, 빨래 및 약물 투약 등 건강과 생활환경을 유지하는 활동에 이르기까지 방대하다. 이러한 가사 도우미 관련 사업은 앞으로도 계속 발전할 것이다.

교통수단(Transportation) 시니어가 되면 운전에 대한 필요성만큼이나 두려움도 커지게 된다. 사고 위험 때문이다. 자신의 상태를 자각하고 운전면허증을 반납하면 다행이지만 일부 치매노인은 위험성도 모른 채 운전대를 잡고 있다. 본격적인 자율주행 자동차의 시대가 될 때까지 기다릴 수 없으니 당분간은 교통수단이 시니어 삶의 질을 좌우하게 될 것이다. 특히 휠체어를 타거나 움직임이 제한적인 시니어들에게는 더욱 그럴 것이다.

의료 서비스(Health Care) 시니어들에게 영양, 예방 조치, 만성질환

치료 등과 같은 의료 서비스는 당연히 필요하다. 하지만 교통이나 재정적 한계, 거동 불편 등 개인적 환경에 따라 건강 관리를 받기가 어려울 수 있다. 그래서 누군가의 도움이 절실히 필요한 부분이 바로 의료 서비스다. 사실 이 서비스에 꼭 전문가의 분야만 있지 않다. 상담과 대면 확인을 통해 알게 된 상황을 전문가에게 연결시켜주는 것만으로도 충분히 비즈니스가 된다. 의료 서비스야말로 AIP의 처음이자 끝일 수도 있다.

적합한 주거 환경(Appropriate Housing) 시니어들 집 대부분에는 휠체어가 오갈 수 있을 정도의 넓은 출입구, 낙상을 방지하는 안전한 욕실 손잡이, 의료기관과 연계된 비상 호출 시스템 등이 없다. 시니어들이 자신의 집에서 계속 안전하게 살고자 한다면 집을 개조할 필요가 있다. 또한 고정 수입으로 사는 시니어들에게 월세, 전세금, 대출 이자, 보험 등은 매우 중요한 이슈다. 전문가의 지속적 지원이 필요한 분야라고 할 수 있다.

안전(Safety) 적합한 주거 환경에 있어 안전은 필수적이다. 시니어 관련 사고의 72.1%가 주택에서 발생한다는 사실을 볼 때 AIP를 위한 안전한 주거를 만드는 지원체계는 매우 중요하다. 특히 거동이 불편한 시니어들은 집에서조차 다양한 안전문제를 마주하게 된다. 침대에서의 낙상 사고, 청력 손실로 인해 화재 탐지기 경보를 듣기 어렵고 사고 발생 시 이동성 감소로 인해 집에서 빨리 탈출하기 어렵다. 그리고 범죄에 취약한 문제까지 매우 다양하다.

집수리 및 유지(Home Repair and Maintenance) 집수리 및 유지는

시니어들에게 점점 어려운 숙제가 될 것이다. AIP를 지향하는 시니어들이라면 더더욱 그렇다. 전구 교체 같은 사소한 부분은 어떻게 해서든 할 수 있지만 배관 고치기 같은 대규모 수리는 젊은 층에게도 쉽지 않은 일이다. 시니어들이 감당할 수준의 비용으로 믿음직한 서비스를 제공하는 업체를 찾는 일, 나아가 그 서비스를 전문적으로 제공하는 일은 충분히 비즈니스가 될 수 있다.

이러한 문제를 봉사자들이 올 때까지 기다렸다가 물어야 할까? 아니면 자식에게 전화해서 부탁해야 할까? 돈으로 안 되는 것은 없다지만 그 역시 쉬운 일이 아니다. 어디서 어떤 서비스를 제공하는지, 또 그 업체가 믿을 수 있는지 알 수가 없기 때문이다. 이럴 때 전화 한 통화로 고민을 해결할 수 있다면? 가까운 곳을 소개해주는 콜센터가 있다면?

미국 노인국의 엘더케어로케이터(www.eldercare.acl.gov)는 시니어들에게 필요한 정보를 제공하고 있다. 시니어들이 홈페이지에 접속해 자신이 거주하는 지역의 우편번호를 적거나 콜센터로 문의하면 필요한 서비스를 제공받을 수 있다. 특히 지역사회 안에서 가까운 곳의 연락처를 안내받을 수 있다. 전화 상담은 숙련된 전문 상담사(Care Giver)가 해주는데 이들은 시니어들의 숨어 있는 문제를 파악하는 데 능숙하기 때문에 만족스러운 서비스를 제공해준다. 예를 들어, 한 시니어가 집으로 배달 가능한 음식을 찾기 위해 전화를 했을 수도 있지만 상담사는 몇 가지 질문을 통해 그 시니어가 식료품점에 갈 수 있는 교통수단에 접근하기 어려운 상황에 처해 있음을 알 수 있다(실제로 가장 많은 상담전화가 교통수단에 대한 것이었다). 또는 이사 갈 마땅한 집을 고르기 위해 전화했지만 상담 결과 AIP를 위해 집을 개조하는 비용을 감당할 수 없기 때문에 이사를 원한다는 사실을 알게 되는 식이다. 간단한 통증에 대한 대화를 나누다가 다른 합병증이 있다는 것을 파악해 바로 병원과 연결시켜줄 수도 있다.

'시니어에게 필요한 서비스 찾아주기'는 우리나라에서도 충분히 가능성 있는 비즈니스 아이템이다. 시니어들은 가벼운 대화, 아니 혼잣말을 들어줄 사람이 있다는 것만으로도 마음의 평안을 찾는다는 사실을 알고 있다면 말이다. 사실 우리나라 부모들은 일터에 있는 자식들에게 전화하는 것을 극도로 꺼려한다. 일하느라 바쁜 자식에게 누(累)가 되고 싶지 않기 때문인데 누군가 이런 서비스를 대신해줄 필요가 있을 것이다.

싱크대에 물이 새는 것에 대해서는 아파트 관리실에 문의하면 되지만 장례절차를 알아보는 방법, 자원봉사자의 봉사 지원을 받을 수 있는 방법, 사소하게는 스마트폰 구매와 사용에 대한 궁금증까지 시니어들의 가려운 곳을 긁어주는 시스템이 필요하다. 현재 보건복지부의 위탁을 받아 한국취약노인지원재단이 운영하는 독거노인종합지원센터(www.1661-2129.or.kr), 한국노인복지중앙회, 중앙노인보호전문기관, 한국노인의전화 등 시니어의 상담전화를 받아주는 곳이 있다.

일본형 AIP

초고령사회인 일본에서는 자녀나 친족과 동거하지 않는 1인 독거 가구 또는 부부만 사는 시니어 세대가 빠르게 증가하고 있다. 전체의 57.8%에 달하며 2015년 기준으로 시니어 및 보호가 필요한 사람들의 95%가 자택에서 생활하고 있다. 자녀가 없거나 멀리 살아서 케어할 수 없는 가구가 절반에 이르기 때문에 이른바 간병 난민, 쇼핑 난민 등이 심각한 사회문제로 대두되고 있다. 공적 요양 시설에 입소하기 위해 대기 중인 인원이 60만 명에 이르는 것도 큰 문제다. 1951년 일본인의 82.5%가 자택에서 사망했지만 지금은 반대로 그만큼의 비율로 병원에서 생을 마감하고 있다. 병원에서 투병하다 숨지는 사람이 많아지면 개인의 비용 부담은 물론이고 그에 따른 사회적 비용도 늘어날 수밖에 없다. 결정적으로 병원(병실과 의료진)이 부족해진다.

이러한 현실에 직면한 일본 정부는 일본형 AIP정책을 펼치기 시작했다. 개호보험법을 개정해 지역 포괄 케어의 이념을 규정하고 2013년에 사회 보장 개혁 프로그램법에서 지역 포괄 케어 시스템을 정의했다. 지역 포괄 케어 시스템의 기본 개념은 65세 이상의 시니어가 병원이나 요양 시설보다는 되도록 자신의 지역에서 자립해 일상생활을 할 수 있도록 의료, 예방, 간병, 주거, 직업 등을 포괄적으로 지원하는 것이다. 지역 내 의료기관과 연계해 노인들이 포괄적이고 계속적인 재가 요양을 받을 수 있도록 하는 것인데 '지역'이라는 단서를 붙인 이유는 전국적 시스템이 아니라 지역의 실정에 따라 탄력적으로 적용하기 때문이다. 점점 증가하고 있는 치매환자(시니어)까지 지역에서 생활할 수 있도록 시스템을 갖추고 있으며 단카이 세대 전원이 75세 이상이 되는 2025까지 전국적으로 확대하겠다는 계획이다.

일본이 2012년부터 고령화 시대의 새로운 도시 모델로 제시한 것이 '의직주(醫職住) 근접화도시'였다. 의료 및 복지 시설과 공동주택, 일터 등을 한곳에 집약적으로 배치하자는 모델인데 특히 의료 및 복지 시설을 노인들이 쉽게 이용할 수 있도록 도시를 재편하는 것이 핵심이다.

시니어 주거 환경 개선과 지역 포괄 케어 시스템의 선구적 모델로 널리 알려진 곳이 치바현(千葉縣) 카시와시(柏市)의 도요시키다이(豊四季台) 주택단지다. 대도시권의 전형적인 베드타운인데 최근에 지어진 것이 아니라 1964년 일본의 고도 경제 성장기에 조성되었다. 32만 6,000제곱미터(약 9만 9,000평) 면적의 부지에 103개동 4,666가구를 지었는데 엘리베이터가 없는 5~6층 규모의 아파트다. 그런데 거의 동시에 입주했기 때문에 비슷한 연령층이 많아 고령화가 동시에 일어나는 문제가 발생하게 됐다. 고령화율이 무려 40%를 넘은 것이다. 마을이 NORC를 넘어 슬럼화 위기에 처하자 일본의 도시재생기구(UR)는 2004년부터 장수사회에 어울리는 마을 재생 사업에 나섰다. 카시와시, 도쿄대 고령사회종합연구기구 등이 참여해 초고령사회라도 안심하고 윤택하게 생활하는 방법과 마을의 모습 등에 대해 논의했다. 고령자 맞춤형 마을을 건설하려는 것인데 '건강하게 활동할 수 있는 마을'과 '자택에서 안심하고 생활할 수 있는 마을', 이 2가지가 도요시키다이 프로젝트의 화두였다.

먼저 노인들이 카시와시 내 휴경지에서 농사를 짓게 했으며 도요시키다이단지 내 상업 시설에서는 의무적으로 노인을 고용하게 했다. 단지 중심에 6층 규모의 (요양)병원을 지었는데 둘레가 5.5킬로미터인 단지 어디서든 도보로 10분 정도면 닿을 수 있다. 또한 모든 주택은 배리어 프리 원칙을 준수해 세워졌다. 민간 사업자가 운영하는 시니어 임대주택인 '서비스 제공 시니어주택'이 안부 확인이나 생활 상담 등의 서비스를 제공하면서 주목을 받았다. 이를 기반으로 24시간 서비스를 제공하는 지역 포괄 케어 시스템을 구축했다.

지역 포괄 케어 시스템

지역 포괄 케어 시스템의 가장 큰 특징은 재택 간병 서비스다. 카시와시의 지역 포괄 케어 시스템은 지역사회가 공동으로 지역 내 재가 요양을 꼼꼼하게 책임지는 방식이 특징인데 기본적으로 '주치의 중심의 재택 의료 시스템'이다.

먼저 지자체를 중심으로 의사회나 관련 기관 등이 협력해 지역 의료 연계센터를 유치하면서 노인들이 자택에서 안심하고 생활할 수 있는 환경을 조성했다. 지역 내에서 활동하고 있는 의사들이 순번을 정해 순환 주치의로 활동하면서 환자가 요구하면 찾아가 재택 진료를 실시한다. 방문 간호, 방문 요양의 형식인데 주치의 혼자서는 감당이 어렵기 때문에 부주치의 등 지역 내 사람들과 함께 팀을 만들어 움직인다. 약사회, 복지사회 등 전문적인 인원들로 구성된 '재택 의료·개호 다직종 연계협의회'도 만들어 운영했다. 요양자에 대한 정보가 ICT를 통해 다직종 연계 인력들에게 공유되면서 24시간 지속적으로 더 나은 서비스를 제공할 수 있게 만들었다.

이처럼 지역 커뮤니티가 공동으로 노인을 돌보는 이상적인 방식이 실현되면서 2010년 14곳에 불과하던 재택 요양 지원 진료소가 2017년 10월에는 33곳으로 늘어났다. 또한 15건에 불과하던 재택 간호가 123건으로 늘어나면서 집에서 간호를 받으며 사망하는 사람도 6년 사이 약 2.4배 늘었다. 아이 하나를 키우는 데 마을 전체가 필요하다는 말처럼 우리 동네 시니어를 돌보는 데에 지역 전체가 함께 하는 것도 결코 낭비는 아니다. 우리 모두 언젠가는 시니어가 되기 때문이다.

포괄적 케어는 ICT를 활용하는 경우가 일반적이다. 기술을 활용해 특정 질환, 지역적 특성 연구 등 '집단 기반 건강 관리(PHM: Population Health Management)'체계를 갖추는 것이다. 지역 내 의료기관, 지자체, 서비스 제공업체 등이 공동체를 조직해 지역 내 건강 관리를 구현하는 것인데 보건소 등 지역 내 보건 거점의 전자 의무 기록(EMR: Electronic Medical Record)인 '지역 보건 의료 정보 시스템(PHIS: Pharmaceutical Health Information System)'을 활용하면 ICT로 지역 주민의 건강 상태 이력 등을 추적 또는 관찰이 가능하다.

우리나라 역시 2007년 지역 보건소에서 제각각으로 사용하던 내부 전산 시스템을 일원화하기 위해 60억 원을 들여 '지역 보건 의료 정보 시스템'을 도입했다. 2019년에는 150억 원을 투입해 25개 지자체를 대상으로 커뮤니티 케어 선도 사업을 실시할 예정이다. 환자가 병원이 아닌 지역사회나 자택에서 복지 급여나 서비스를 받게 하는 것이다. 2020년에는 300억 원을 투입해 43개 지역으로 확대할 예정인데 한국이 2026년 초고령사회에 진입하는 것에 대한 준비라고 할 수 있다.

공공보건의 패러다임이 병원이나 시설 중심에서 지역사회로 변하고 있는 것은 세계적 추세다. 영국은 건강상 돌봄이 필요하거나 일상 활동이 어려운 성인, 아동을 대상으로 포괄적 케어 서비스를 제공하고 있다. 미국은 2012년부터 장애인이나 노인이 원하는 곳에서 원하는 사람과 늙어갈 수 있게 하는 커뮤니티 케어를 준비 중이다. 이렇게 선진국을 중심으로 포괄적 케어가 확산되고 있다.

시니어를 통한 지역 공동체 활성화, 커뮤니티 비즈니스 _____

사회적 네트워크가 강한 시니어들은 치매에 걸릴 위험이 감소하고 사회적으로 고립된 시니어보다 지역사회 환경에 더 오래 남아있을 수 있다는 연구 결과가 있다. 하지만 의료 환경이 변하거나 교통수단 제한 등과 같은 문제로 인해 이동성이 감소하게 되면 시니어의 지역사회 참여(Community Involvement)가 어려워질 수 있다.

유엔과 WHO는 글로벌 고령화와 도시화문제에 국제적으로 공동 대응하기 위해 '고령 친화 도시 국제 네트워크(GNAFCC: Global Network for Age—Friendly Cities and Communities)'를 만들어 운영하고 있다. 서울, 부산을 비롯한 전 세계 300개 이상 도시가 회원으로 가입했다. 이 네트워크는 시니어뿐만 아니라 모든 세대가 살기 편한 고령 친화 환경을 조성하기 위해 활기찬 노년(Active Age), AIP, 세대 통합(Inter—Generation)을 추구한다. 그동안 인연을 맺고 살아온 사람들과의 관계 및 환경의 연속성을 존중하는 것이 바로 인간적인 삶이다. 또한 시니어가 최대한 자율적인 결정을 하도록 지원하는 것이 중요하다고 보고 있다. 이와 연동해 해외에서는 커뮤니티 비즈니스가 각광을 받고 있다. 이는 지역 내 문제 해결에 주민, 구체적으로는 시니어가 주체적으로 참여하는 주민 중심 지역 사업이다. 지역 커뮤니티에서 잠자고 있던 노동력, 원자재, 노하우, 기술 등의 자원을 활용해 자발적으로 지역문제 해결에 나서고 이를 비즈니스로 승화시키면서 커뮤니티를 활성화시키는 것이 목적이다. 시민, 지자체, 기업, NPO 등이 연계해 실시하는 사례가 많다. 활동분야는 환경, 요양, 복지, IT, 관광, 지역 자원 활용, 농업, 취업 지원 등 다양하다.

사실 수십 년 동안 회사라는 집단에 매여 살았던 시니어들 중에는 퇴직하면서 가정이나 지역사회와 접점을 찾지 못해 많이 우왕좌왕한다. 이런 시니어들이 커뮤니티 비즈니스의 중심이다. 시니어의 자아실현과 사회 참여가 가능하도록 기회를 제공하면서 지역 경제를 활성화시키고 취업의 기회를 늘려주므로 고용 창출에도 효과적이다. 지역사회의 자립, 활성화, 지역 커뮤니티 재생 등 효과가 기대되며 사회 참여를 통해 자기실현과 삶의 보람을 얻을 수 있다.

한편 시니어들은 거주하는 지역 내 상점을 많이 이용한다. 마음에 드는 곳이 있다면 오랫동안 이용하고 충성도가 높은 편이다. 시니어를 위한 고령 친화 상점(Age Friendly Business)을 만드는 것 역시 커뮤니티 비즈니스의 일종이다. 예를 들어, 어떤 상점이 시니어 고객을 존중하고 이용의 편리성을 배려한다면 신뢰와 평판을 얻을 수 있으며 더 많은 고객을 확보하는 데도 유리하다. 이 상점들은 인구 고령화에 따른 시니어 고객의 중요성을 인식하고 상점의 분위기와 환경을 바꾸려고 노력하고 있다.

노년기에는 기동성과 함께 시력, 청력 등 감각 기능과 지각 기능이 떨어진다. 따라서 상품과 서비스 속에서 시니어가 평소에 느끼는 사소한 불편을 없애고 지팡이걸이, 돋보기 배치, 계단 높낮이의 차이를 해소하는 등의 배려가 필요하다.

이웃과 따로 또 같이

개인의 프라이버시가 존중되는 독립 공간이 있음과 동시에 이웃과 가사 및 가정 관리, 육아 등 공동체 생활을 할 수 있는 공용 공간이 존재하는 협동 주거형태를 코하우징(Co—Housing)이라고 한다. 그렇다고 화장실이나 부엌 등의 공간을 함께 사용하면서 임대료도 함께 나눠 내는 셰어 하우스가 아니다. 이웃과 함께 살지만 동시에 따로 사는 공동체 주거형태이며 각자의 라이프 스타일에 맞게 개인 공간을 꾸미고 모두의 니즈에 맞게 공용 공간을 조성하는 식으로 구성된다.

이미 지어진 집에 일방적으로 입주하는 방식이 아니라 주민이 직접 디자인과 설계에 참여하고 공동 의사 결정권을 가진 전체 구성원에 의해 관리되며 개별 주거를 보완하는 공동 시설과 주민들 간의 접촉을 유도하는 공동체적인 설계, 그리고 아동을 배려하는 디자인을 한다는 특징이 있어 다른 주거형태와 차별화된다.

코하우징은 1964년 덴마크 건축가인 앤 굿맨 화이어가 일상적인 가사를 이웃과 함께 할 수 있는 주거형태를 떠올리면서 시작되었다. 1970년대부터 덴마크와 스웨덴을 중심으로 공동주택 개념이 확산되다가 1980년대 초 덴마크 코펜하겐의 중년층이 만든 연구모임에서 현대적 의미의 시니어 코하우징(Senior Co—Housing)에 대한 논의가 시작됐다. '어떻게 하면 훗날 노인이 되었을 때 느끼게 되는 고립감과 외로움을 피하고 스스로 품위와 존엄성을 유지하면서 살 수 있을까?'가 고민의 시작이었으며 '외롭게 혼자 자기 집에 살고 싶지 않고, 또한 잘 알지도 못하는 사람들과 생활하기 불편한 (노인 대상) 주거 시설에서 살기를 원하지 않으니 내가 거주할 곳을 직접 고르고 삶의 질을 높이기 위해 함께 살면 된다'라는 결론을 내렸다. 그렇게 해서 탄생한 곳이 최초의 시니어 코하우징으로 통하는 미드고즈그룹펜(Midgårdsgruppen)이다. 1987년에 획일적 주거형태에 염증을 느낀 시니어들을 위한 새로운 주거 대안이 세상에 선보여진 것이다. 1993년에는 유럽 노인의 해를 맞아 유럽연합에서 개최한 '행복하게 나이 들기(Growing Grey—in a Happy Way)'라는 주제의 학술대회에서 시니어 코하우징에 대한 논의가 더욱 본격화되었고 스웨덴, 핀란드 등 스칸디나비아 지역을 필두로 네덜란드, 미국, 일본에까지 널리 확산되었다.

시니어 코하우징은 코하우징과 개념이 같지만 한편으로는 다르다. 시니어 코하우징의 목적은 자녀 양육, 가사 분담 또는 공동체적 삶을 살기 위한 것이 아니다. 은퇴한 시니어들이 공동 활동에 자발적으로 참여하면서 자치적으로 생활하는 노인주택의 하나로 접근하는 것이 목적이다. 적어도 고독사문제를 극복할 수 있다는 점 하나만으로도 시니어 코하우징은 가치가 있다고 할 수 있다.

이미 스칸디나비아에서는 자녀들이 분가하고 직장에서 은퇴했으나 건강한 생활을 하고 있는 비교적 젊은 시니어들, 즉 빈 둥지 세대(Empty—Nest Generation)에게 권장할 만한 주거 대안으로 일반화되었다. 스웨덴 남부의 주요 도시에서만 14곳의 시니어 코하우징 공동체가 있으며 이 중에서 세부 조합별 시니어 코하우징은 50여 곳에 달한다. GDP 대비 48.9%로 세계 1위를 차지하고 있는 덴마크의 소득세, 또 이를 기반으로 하는 복지제도 덕분에 가능한 시스템이다. 하지만 우리나라의 현실은 이와 다르다. 그런데도 한국형 코하우징은 끊임없이 진화를 거듭하고 있다. 주거 비용이 세계 최고 수준인 서울이기 때문에 다양한 형태의 코하우징, 예를 들어, 하우징쿱주택협동조합, (청년들의 실험적인) 셰어 하우스, 예술인 타운 등이 생겨나고 있는 것이다.

가장 대표적인 한국의 코하우징 사례는 2011년 서울 망원동 성미산마을 1호점을 시작으로 2017년까지 10호점을 돌파한 '소통이 있어 행복한 주택(https://soheangjoo.modoo.at, 이하 '소행주')'이다. 이 코하우징은 창고, 공부방, 서재처럼 각 세대마다 중복되는 공간을 건물의 한 층에 공용 공간으로 조성하면서 사적 공간의 활용도를 높였다. 공적 공간은 마을 기업의 사무실 역할을 하기도 한다. 또한 코하우징의 특징이 입주민의 의사가 반영된 평수와 나만의 디자인인데 집 안에 남자와 여자 화장실을 따로 만든 사람이 있을 정도로 자유롭다는 소문에 관심을 끌었다. 월례주민회의가 있지만 강제로 정하는 규칙이 없어 집단 생활에서 생길 수 있는 스트레스가 덜하다. 그 대신 맞벌이 부부에 대한 배려, 공동 육아 및 식단, 공동 텃밭과 주민들끼리의 바비큐 파티 등 사는 재미가 있다. 소행주는 한국 실정에 맞게 점점 진화해 2018년도에는 육아형 공동주택과 여성 예술인 안심주택을 진행 중이다.

최초의 주택협동조합인 하우징쿱주택협동조합(http://m.cafe.daum.net/housecoop, 이하 '하우징쿱')은 공유주택을 지어 주거문제 해결과 공동체 회복을 꾀하자는 취지로 2013년에 창립했다. 첫 결실은 2014년 '은퇴자와 은퇴 예정자가 함께 만드는 공동체'라는 취지로 서울 은평구 불광동에 지어진 '구름정원사람들'이다. 모두 8가구가 입주했는데 커뮤니티실, 창고, 보일러실, 세탁실, 데크 시설 등을 공유 시설로 조성했다. 개인 소유의 세대 전용 면적은 약 85제곱미터(약 26평)이며 입주 당시 가구당 부담금은 평균 3억 4,000만 원이었다. 1층 상가 공간(198제곱미터)은 조합원 공동 소유이고 조합원들은 여기서 발생하는 임대 수익을 배당받는다. 이어서 하우징쿱은 제주도, 서울 서대문구, 과천, 지축, 용인 등 총 11곳에 세대 믹스형 하우징을 진행했다. 2018년에는 하우징쿱 제12차 서울도심지역 공유주택을 지을 예정인데 40~60대 전문직 핵가족 세대(전문직 종사 독신 여성, 부부, 3인 이하 소가족 등)를 조합원으로 모집하고 있다.

개별주택의 전용 면적은 12~22평, 공유 면적은 3~5평 규모(분양 면적 20~30평 규모)이며 가격은 4~8억 원으로 인근 지역 신규 아파트 공급 가격의 70% 수준으로 예상된다.

우리나라는 주택을 재테크를 위한 매매 수단으로 삼고 있지만 점점 고령층과 1인 가구가 늘어나기 때문에 코하우징 비즈니스에 대한 전망은 그리 나쁘지 않다. 점점 프라이버시를 보장하고 동시에 공동체 문화의 순기능을 강조하는 방식으로 진화하고 있기 때문에 더욱 그렇다. 커뮤니티 안에 속한 소속감은 노인들은 물론이고 중장년들에게도 큰 도움이 된다. 단, 입주자 입장에서 봤을 때 이웃과 사이가 틀어지는 상황을 생각한다면 실제 코하우징에서 사는 것이 그렇게 쉬운 일만은 아니다.

좀 더 안전하게 구조를 바꾼다

매시어스 홀 위치는 저서 《신개념 노년기》(부제: 지금 이 순간의 현명한 삶이 더 나은 영원의 삶으로 이끈다)에서 노인복지가 어떤 시각으로 접근해야 하는지를 다음과 같이 밝히고 있다.

노인들의 렌즈를 통해 바라보면 오늘날 도시와 건물 디자인의 허점을 모두 없앨 수 있다. 우리는 사람들을 사회로부터 고립시키는 아파트, 휠체어를 탄 상태에서는 사용이 어려운 욕실, 이동을 방해하는 오르막길과 도로 포장 상태의 변화를 목격하곤 한다. 젊을 때는 계단을 뛰어오르기도 하고 건물의 벽이 주는 공간의 협소함을 해소하고자 이 방, 저 방을 오가기도 하지만 나이가 들수록 이러한 허점들은 자신의 집과 마을에서 행복하고 건강하게 오래 사는 것을 어렵게 만드는 요소들로 돌변한다. 장수는 오늘날의 대세로 자리 잡고 있다. 노인들의 렌즈를 통해 디자인하면 우리 모두를 위한 더 나은 해결방안을 강구할 수 있게 된다.

일본의 시니어 세대가 사는 주택 중 배리어 프리 시설을 갖춘 경우가 41.2%이지만 아직도 낙상 사고가 일어나기 쉬운 환경에 사는 시니어가 많다. 그 중에는 외출에 어려움이 있거나 재가 요양을 해야만 하는 사람이 대부분이다. 지금까지 살아온 지역에서 안심하고 생활하고 싶다면 주거 환경의 개선이 요구된다. 주인은 나이를 먹고 몸이 불편해졌는데 집은 그대로라면 사고의 위험성이 커질 수밖에 없다. 건강한 사람을 기준으로 집을 지었기 때문에 나이가 들면 생활하기 힘들어지는 것이다. 예를 들어, 집에서 낙상하는 사고가 의외로 많은데 시니어의 판단력이 저하됐다기보다는 신체 능력이 저하되었기 때문이다. 낙상 사고는 계단, 욕실에서 가장 많이 일어난다. 계단, 화장실에 대부분 손잡이가 없기 때문이다. 처음부터 설치하지 않았을 가능성이 높다. 그래서 주택 개조가 더욱 필요하다.

늙어서도 정든 집에서 계속 생활하고 싶어 하는 시니어가 많은 현실이라면 답은 주택 개조, 즉 '리폼(Reform)'에 있다. 재택 요양의 경우 주거 환경이 서비스 질에 큰 영향을 미치기 때문에 주택 개조가 필요하다. 주택 개조는 시니어의 자립도에 따라 수준이 달라지지만 우선적으로 현관, 화장실, 욕실부터 손을 봐야 한다.

집에서는 잘 걸을 수 있으나 외출할 때 도움이 필요하다면 슬로프를, 계단과 현관에는 손잡이를 설치하면 좋다. 현관문에서 신발을 신고 벗을 때 잡을 수 있는 그 무엇 하나만 있어도 훨씬 편하고 안전해진다. 휠체어가 필요한 시니어라면 배리어 프리 기반의 리폼이 필요하고 와상 상태라면 전동 침대 등의 요양 침대를 설치하고 욕창을 방지해야 한다. 화장실 좌변기 옆에 앉거나 일어서기 편하게 손잡이를 설치하는 것은 기본이다. 만일의 사태에 대비해 인터폰 수준을 넘어서는 통신 시설을 갖추는 것이 좋다. 또한 욕실은 출입구가 넓고 바닥은 쉽게 미끄러지지 않는 소재를 써야 안심할 수 있다. 시니어가 생활하기 쉬우면 가족과 도우미의 부담이 덜어진다.

일본의 주택 개조 사례 다음과 같다.

① 현관(안쪽): 슬로프 설치로 높낮이 차이 해소, 미닫이 현관문과 센서 조명 설치 등

② 현관(바깥쪽): 신발을 신고 벗기 편하게 해주는 의자와 손잡이, 높낮이 차이를 해소해주는 발판, 미끄럼 방지 패드, 휠체어 이동을 쉽게 하기 위해 높낮이 차이 해소 관련 시설 설치 등

③ 계단: 손잡이와 미끄럼 방지 장치 설치, 높낮이 차이를 인식할 수 있게 해주도록 표시하기, 계단 승강기 설치 등

④ 통로: 손잡이와 미닫이문 설치, 방과 거실 간의 높낮이 차이 해소를 위한 시설 설치 등

⑤ 욕실: 손잡이 설치, 탈의실과 욕실의 높낮이 차이 해소를

위한 시설 설치, 낙상 방지 바닥 처리, 탈의용 의자 구비 등

⑥ 화장실: 손잡이와 좌식변기 설치, 간병 공간 확보, 문의 폭
확장, 난방 시설 설치 등

재택 요양을 위해 주택을 개조하려면 당연히 예산이 많이 필요하
다. 일본은 개호를 위해 배리어 프리 주택으로 개조할 경우 개호보
험이 적용된다. 시니어 주택 개수 비용 보조제도에서 공사 비용 최
고 20만 엔(200만 원)을 상한으로 해서 90%를 지급하며 10%는 자
기 부담이다. 수급조건은 요지원, 요개호 1~5등급을 받고 현재 살
고 있어야 한다. 적용할 수 있는 공사항목은 손잡이, 높낮이 차이 해
소, 미끄럼 방지 및 이동을 편하게 해주는 바닥 변경, 미닫이문 교
체, 변기 교체 등이다.

Senior Shift

요양 서비스

고령화는 필연적으로 독거노인의 증가를 가져온다. 이들의 공통된 마음은 앞서 언급한 것처럼 원래 살던 집에서 살다가 생을 마감하고 싶다는 것이다. 하지만 거동이 불편해지는 바람에 삶의 질도 떨어진다는 문제가 생긴다.

안정적으로 요양 서비스와 생활 지원을 받고 싶은 시니어들의 니즈를, 그리고 이런 충성도 높은 소비자가 점점 더 늘어나고 있는 현실을 기업들이 간과할 리 없다.

지금 일본의 기업들은 다양한 분야에서 요양 시장에 뛰어들고 있다. 또한 요양 시장의 최대 과제인 인력난을 해결하기 위해 간병로봇이 개발되어 현장에 투입되고 있다.

일본 대기업의 시니어 비즈니스 진출

파나소닉(Panasonic)은 종합 가전제품 제조사로 잘 알려진 일본 대기업이다. 1918년 마쓰시타 일렉트릭이라는 이름으로 창업한 이래 나쇼날(National), 테크닉스(Technics) 등의 브랜드를 전 세계로 수출하며 유명해진 파나소닉은 개호보험제도가 2000년에 도입되기 이전부터 자회사를 설립해 재택 개호, 시설 개호, 설비 개발 및 판매, 개호용품 매장 등을 운영하기 시작했다. 뛰어난 기술력을 바탕으로 안마의자, 발 마사지기, 혈압계, 전동 케어배드, 이동 변기, 시니어용 유니트 욕조 등의 케어 제품을 만들어 시장에 진입하면서 개호 유료 노인 홈, 서비스형 시니어 임대주택과 같은 시설도 운영하고 있다.

1997년 마쓰시타전기산업에 에이지 프리 사업추진부를 설립하고 개호 기기를 개발하면서 시작한 시니어 비즈니스는 2016년 4월 파나소닉의 개호 관련 사업을 총괄하는 파나소닉 에이지 프리를 설립하면서 본격화되었다(https://panasonic.co.jp/es/pesaf). 그룹 내 중요한 전략 사업으로 자리 잡은 파나소닉 에이지 프리의 사업 콘셉트는 그 사명처럼 '나이로부터 해방되자'라는 의미의 '에이지 프리(Age Free)'다. 여기서 '프리'를 각각 물리적 장벽에서 해방되는 배리어 프리(Barrier Free), 생활 부하(負荷)에서 해방되는 스트레스 프리(Stress Free), 개호 부담에서 해방되는 케어 프리(Care Free) 등 3가지로 설정했다. 분야 또한 서비스 제공 시니어주택인 에이지 프리 하우스, 재택 서비스의 거점인 에이지 케어센터, 리폼과 개호용품을 제공하는 에이지 프리숍 등으로 구성했다. 이들 각 사업은 늘 현장의 니즈가 반영되는데 그 목소리가 하나로 모여 다시 사업의 질을 높이는 방안으로 이어진다. 그 결과, 판매는 더 성장하고 또한 더 많은 고객의 목소리를 담을 수 있는 기회로 이어지게 된다. 사업 내용을 구체적으로 살펴보면 다음과 같다.

케어 프로덕트(Care Product) 개호용품에서 주택 설비까지 파나소닉의 선진 기술을 투입하고 개호 현장의 노하우를 살려서 제품을 개발한다. 시니어에게 적합한 욕실과 세면장을 시니어 시설에 알맞게 설치하는 사업이다.

리테일 서포트(Retail Support) 지역 밀착형 개호용품의 판매, 대여, 리폼을 실시하는 에이지 프리숍을 전국적으로 전개하고 있다. 복지에 관한 지식을 겸비한 주거 환경 플래너들이 주택 리폼을 담당하며 전문 상담원들이 상담을 통해 복지용품를 렌트하거나 판매한다.

라이프 서포트(Life Support) 노인 홈, 데이케어 서비스, 방문 서비스를 원 스텝으로 제공하는 에이지 케어센터를 만드는 것이다. 지금까지 살아온 익숙한 지역에서 본인에게 맞는 생활을 지낼 수 있는 개호 서비스를 제공한다. 24시간 케어를 하는 소규모 다기능형 재택 개호를 병설한 시니어형 주택인 에이지 프리 하우스. 그리고 정부 기준의 2배 이상으로 개호체계를 정비한 개호 제공 유료 노인 홈을 운영하고 있다.

한편 파나소닉의 에이지 프리 하우스는 거실의 형태가 조금 다르다. 일반적인 장방형이 아니라 정방형으로 디자인되었다. 그래서 입주자의 취향과 신체 상태에 따라 침상을 이동시킬 수 있어 공간을 유효하게 활용할 수 있다. 최대 20실인 소규모 집단 주거 시설에서 친근한 스태프 및 친숙한 입주자들과 가족처럼 생활할 수 있는데 변화에 민감한 치매환자도 안심하고 거주할 수 있는 환경 조성을 지향하고 있다.

파나소닉의 재택 개호 서비스의 거점 수를 2018년까지 125개에서 225개로 약 2배 확대할 계획이며 개호숍을 통한 리폼도 2배로 증가시킬 계획이다. 매출도 2014년 370억 엔(3,700억 원)에서 2018년 750억 엔(7,500억 원), 2025년도 2,000억 엔(2조 원)을 목표로 하고 있다. 이 'Vision for 2025'의 기본 콘셉트는 'Business to Community'다. 시니어들이 지금까지 익숙하게 살아온 지역에서 계속 가족과 함께 생활하면서 자신다운 삶을 영위할 수 있는 지역 커뮤니티를 만드는 데 공헌하겠다는 것이다.

파나소닉은 후생노동성이 제창하는 지역 포괄 케어 시스템에 발맞춰 의료, 개호, 생활 지원을 통합하는 주거 생활을 제공하기 위해 개호 서비스와 주거, 개호숍 등의 인프라에 아낌없이 투자하고 있다. 사람과 사람 간의 따뜻한 관계 속에서 서로 도움을 주고받는 지역 커뮤니티 형성에 공헌하고 이를 일본 전국으로 늘려가는 것이 구체적인 목표다. 또 다른 목표는 1998년부터 축적한 개호 사업의 운영 경험과 전자분야의 선진 기술 및 정보 기기 등의 기술을 융합해 선진 케어 솔루션을 제공하는 것이다. 앞으로는 실용화를 위해 개발하고 있는 간병로봇, ICT, 사물인터넷, 인공지능을 개호 서비스에 활용할 예정이다.

미국의 시니어 종합 관리 서비스 _____

미국의 웰스프링그룹(www.well—springsolutions.org)은 '라이프 플랜 커뮤니티(a Life Plan Community)'라는 캐치프레이즈를 내걸고 시니어들에게 다양한 종합 관리 서비스를 제공하는 비영리단체다. 1993년 9개 지역 교회 연합을 중심으로 시작한 이 커뮤니티는 노스캐롤라이나 그린스버러의 유일한 라이프 케어 은퇴자 커뮤니티다.

웰스프링그룹은 시니어의 건강 상태, 가족 상황, 경제력, 취향 등을 고려해 데이케어, 재가 방문, 상주 프로그램 등 다양한 옵션을 제공하고 있다. 한 달 서비스 비용은 2,500~7,000달러(275~770만 원) 정도이며 주거 종류는 면적과 방의 수에 따라 시니어아파트, 가든하우스, 빌라 등으로 나뉜다. 다양한 여가 활동 프로그램도 제공하고 있다. 대표적으로 수영장과 피트니스센터에서 이뤄지는 웰니스(Wellness) 활동이 있다. '웰니스'란, 웰빙(Well—Being), 행복(Happiness), 건강(Fitness)의 합성어로 신체와 정신은 물론 사회적으로 건강한 상태를 의미한다. 예를 들어, 수중 치료, 요가, 미술관 탐방, 토론 동호회, 주간 기도회, 봉사, 합창 등 다양한 취미 동아리가 있다.

웰스프링그룹의 웰스프링솔루션(Well Spring Solutions)은 1984년 6월 4일에 개설된 비영리단체다. 이름처럼 시니어 관리에 대한 솔루션을 제공하고 있는데 크게 2가지다.

첫째, 월요일부터 금요일까지, 오전 7시 30분부터 오후 5시 30분까지만 운영하는 주간 보호센터, 이른바 '데이케어'다. 자녀들이 출근해 집에 혼자 있거나 독거노인들이 이용하게 되는데 건강에 문제가 있는 시니어들을 위해 안전하고 보안이 철저한 환경을 제공한다. 이 센터에서 시니어들은 또래끼리 모여 음악, 미술 등의 예술 활동을 하면서 심리적 안정 등과 관련한 치유 프로그램을 받게 된다. 센터 안에는 간호사 또는 준간호사가 상주하고 있으며 영양가 있는 아침, 점심, 간식을 제공받는다.

둘째, 커넥션(Connections)의 임시 위탁 프로그램이다. 기본 취지는 가족을 돌보는 사람들이 간병 의무에서 벗어날 수 있는 기회를 제공하는 것이다. 지역에 따라 조금씩 다르지만 주중 특정 요일 오전 10시부터 오후 2시까지 진행된다. 이 프로그램에 참여하면 안전하고 신뢰할 수 있는 환경에서 운동, 음악 등의 활동과 점심식사, 친구들과의 즐거운 시간을 가질 수 있다. 임시 위탁 프로그램은 성당, 예배당, 사원 등의 종교 시설에서 이뤄진다.

참고로 우리나라에서 시행 중인 치매가족휴가제 역시 영어로 '리스파이트 케어(Respite Care)'라고 부른다. 치매환자를 돌보는 가족들의 돌봄 노동에 잠시 쉴 틈을 주자는 취지로 만들어진 제도인데 치매 가족을 연간 최대 6일 범위 내에서 단기 보호 시설에 입원시키거나 요양보호사의 1대 1, 24시간 방문 요양 서비스를 받을 수 있다. 1등급 수급자 1일 기준으로 단기보호시설 입소 4만 8,820원, 방문 요양 서비스 13만 5,260원의 사용료 중 85%를 국민건강보험공단에서 부담하고 가족은 15%만 부담하면 된다. 2018년 7월 이후 대상자가 전체 치매 수급자 16만 7,000명으로 확대될 전망이며 24시간 방문 요양기관도 1,700곳으로 늘어날 전망이다.

한편 웰스프링솔루션에는 홈 케어, 즉 재가 방문 프로그램도 있다. 홈 케어 서비스의 가장 큰 목표는 시니어가 집에서 건강을 유지할 수 있게 일상을 종합적으로 관리해주는 것이다. 약 복용 관리, 목욕 및 몸단장, 식사 및 배변문제, 여행 및 이동 지원, 모닝콜, 운동과 치료 도움, 쇼핑 및 심부름, 세탁, 청소, 취미 생활, 독서, 교제 등 시니어가 매일매일 필요로 하는 것들을 돕는다.

웰스프링그룹의 또 다른 서비스로는 '페이스 프로그램(PACE of

The Triad)'이 있다. 페이스(PACE)는 'Program of All—inclusive Care for the Elderly'의 앞글자를 따서 만든 단어인데 '포괄적 노인 요양 프로그램'으로 번역할 수 있다. 페이스 프로그램은 포괄적인 서비스와 지원을 통해 개인들이 계속 지역사회에 거주하도록 돕는다. 개개인의 필요에 따라 고유의 프로그램으로 관리해주는데 주중 오전 8시부터 오후 5시까지 운영된다. 1차 진료부터 재가 요양 서비스, 여가 활동, 이동, 삶의 마무리에 관련된 지원까지 다양하다. 이 프로그램에 참여하기 위해서는 55세 이상의 시니어로서 노스캐롤라이나에 있는 그린스보로, 하이 포인트, 길퍼드 카운티 등에 살아야 한다.

시니어들은 일상적인 업무를 수행하는 것이 어려울 때 독립적이라고 느끼기 어려울 수 있다. 일상생활에서 가벼운 도움만 받아도 인생에 커다란 변화를 가져올 수 있으며 전반적으로 독립적인 생활 방식을 유지하는 데 도움이 된다. 그런데 동서양을 막론하고 이런 도움을 받는 과정에 돈이 많이 든다는 것이 문제다. 그 대안으로 등장한 것이 노인이 노인을 돌본다는 '노노케어(老老care)'다. 건강한 시니어에게 독거노인을 돕는 일자리를 제공하고 독거노인은 자신과 비슷한 또래의 시니어에게서 돌봄 서비스를 받는 제도다. 대화 상대가 되기 때문에 주기적 안부 인사도 가능하고 생활 상태 점검이나 도시락 배달 서비스까지 다양하게 지원될 수 있다. 우리나라의 경우 주민센터, 대한노인회, 시니어클럽, 노인복지문화센터 등에 문의하면 절차를 안내해준다.

중국에서도 시니어 시장은 매우 매력적이다 _____

중국의 실버 시장은 황금알을 낳는 거위가 될 것인가? 중국의 실버 시장 규모는 2014년 4조 위안(680조 원)에서 2050년에는 106조 위안(1경 8,020조 원)에 달하면서 폭발적인 증가세를 보일 것으로 전망된다. 그래서 세계적 기업으로 발돋움한 중국의 기업들이 그냥 보고만 있을 리 없다.

중국 최대 전자상거래업체 알리바바(www.alibaba.com)는 2018년 초 시니어를 채용하기 위해 다음과 같은 공고를 냈다.

'60세 이상의 광장춤(廣場舞) 리더 채용, 연봉 35만 위안~45만 위안(5,950만 원~7,650만 원).'

중국인들이 광장에 모여 음악을 틀어놓고 군무를 추는 것을 광장춤이라고 하는데 그 무리의 리더가 시니어들에게 막강한 영향력을 행사하기 때문에 최상급 대우를 하면서 채용하려는 것이다. 그 결과, 경쟁률은 무려 3,000대 1이나 되었다.

알리바바는 시니어를 타깃으로 한 비즈니스 확장을 꾀하고 있는 중이다. 알리바바는 오픈 마켓 플랫폼인 타오바오(www.taobao.com)로도 유명한데 여기에 시니어를 위한 전용 모바일 앱을 개설했다. 50대 이상 엄지족 고객이 3,000만 명에 이르고 그 중 50대는 실버 고객 전체의 75%를 차지한다. 50대 고객의 1인당 연간 평균 소비액은 44건에 5,000위안(85만 원)에 달한다. 시니어용 타오바오의 특징은 부모의 계정이 자녀와 연계되어 있다는 점이다. 이른바 친칭(親情)계정인데 '혈육의 정'이라는 의미로 계정 추가가 특징이다. 앱 사용이 서툴고 아이디와 비밀번호를 잘 기억하지 못하는 시니어를 위해 자녀와 계정을 연동시킨 것이다. 부모가 원하는 것을 주문하면 자녀가 결제할 수 있도록 했으며 자녀와 실시간으로 관련 제품에 대해 채팅으로 의논하면서 정보를 나눌 수 있도록 했다. 개인을 위한 쇼핑 플랫폼에서 가족 전체를 위한 종합 쇼핑몰로 거듭나려는 계획인 것이다.

또한 알리바바는 2017년 12월 중국 최초로 스마트 양로원 사업을 시작했다. 양로원에 사물인터넷 등 스마트 기기를 설치해서 시니어가 소파에 앉아 음성으로 모든 것을 제어하게 했다. 방에 설치된 인공지능 스피커인 티몰 지니(Tmall Genie)가 사용자의 음성을 인식하고 중앙 통제 역할을 하면서 집안의 온도, 밝기, 습도 등을 알아서 조정한다. 이는 알리바바인공지능연구소의 작품이다. 알리바바가 인공지능을 활용한 시니어 비즈니스에 관심을 갖는 이유는 중국 정부의 정책과 궤를 같이 하기 위해서다. 중국 정부는 2017년 차세대 인공지능 발전규획을 발표했다. 인공지능을 국가적 전략 산업으로 육성시키기 위해 2030년까지 산업 규모를 1,500억 위안(25조 5,000억 원)까지 키울 예정이다.

한국의 카카오톡과 같은 큐큐(QQ), 위챗(WeChat)으로 유명한 텐센트(www.tencent.com)는 의료 시장에 특별히 주목하고 있다. 의사가 적어서 환자들이 불편해지는 상황에 착안, 2014년부터 위챗 인텔리전트 헬스케어(WeChat Intelligent Healthcare) 서비스를 시작했다. 1억 1,000만 명의 위챗 사용자가 병원을 예약하고 진료비를 지불하는 데 평균 42.6분을 절약할 수 있게 된 것으로 알려졌다. 그리고 2017년부터 의료 공유 플랫폼인 텐센트 닥터워크(Tencent DoctorWork) 서비스를 시작했다. 의사가 병원에서 업무를 마치고 남는 시간에 텐센트 닥터워크의 오프라인 진료소에서 진료를 하는 방식이다. 온라인에서는 일반 사용자들에게 건강 관리 서비스를 제공하고 있다.

중국 내 최대 포털 사이트인 바이두(www.baidu.com)는 2016년 멜로디(Melody)라는 이름의 인공지능 프로그램을 출시했다. 시니어는 멜로디를 통해 자신의 건강 상태를 확인하면서 병원에 가는 것이 좋은지 아닌지 여부를 알 수 있다. 의사는 멜로디를 통해 환자의 상태를 확인할 수 있다.

영화가 현실이 되다

일본 후생노동성의 〈개호보험 사업 현황 보고〉에 따르면, 개호보험 수급자가 2015년 606만 명에서 2025년 800만 명이 될 것으로 예상된다. 하지만 개호 인력은 2012년 215만 명에서 2025년 253만 명으로 소폭 증가해 수요와 공급의 불일치가 예상되는 상황이다. 2025년이면 일본의 개호 관련 시장은 18조 7,000억 엔(187조 원)에 달한 전망인데 현장에서의 인력 부족 현상은 매우 심각하다. 노동 강도는 세지만 사회적 평가와 급여가 낮아서 2014년 이직률이 연 16.5%에 달했다. 사업자의 입장에서도 사업비 중 60~70%가 인건비이기 때문에 임금 개선이 경영 악화로 연결되고 있어 노동 환경 개선이 쉽지 않다.

일본 정부는 개호 인력 부족이라는 지상과제를 해결하고 요개호자의 자립을 지원하면서 개호자의 부담을 줄여주기 위해 간병로봇

(Care Robot) 육성에 박차를 가하기 시작했다. 2012년에 '로봇 기술 개호 이용에 있어 중점분야'로 5개 분야, 8개 항목을 공표했으며 2013년에는 일본재흥전략을 채택하면서 '로봇 개호 기기 개발 5개년 계획'을 수립했다. 그리고 2015년에 '로봇 신(新)전략'을 발표하면서 고령자가 일상생활에 지장이 없도록 필요한 모든 곳에서 간호 업무를 지원하는 로봇, 보행·재활·식사·독서 등을 지원하는 자립 지원형 로봇, 파로와 같은 커뮤니케이션·돌봄 로봇 등을 개발하는 데 집중적인 지원책을 펴고 있다. 시장 규모도 2020년 500억 엔(5,000억 원)에서 2023년 2,600억 엔(2조 6,000억 원)으로까지 육성을 목표로 정했다. 2016년에 316.7%나 성장했으며 앞으로도 매년 130% 이상의 폭발적인 성장이 예상된다.

개호자와 요개호자 모두 간병로봇 도입에 긍정적이다. 특히 요양시설 등의 개호 산업 현장에서 기대가 매우 높다. 개호 시설 및 개호 종사자는 세탁, 청소, 정리정돈, 이동, 입욕 등의 간병작업을 로봇이 해주기를 바라고 있는 것이다. 앞으로 노노케어 세대와 재가요양이 점점 증가할 것이므로 가정에서도 많이 사용하게 될 것이다. 아울러 사용법이 점점 더 간단해지고 비용도 줄어드는 추세다.

간병로봇의 중점 개발분야 _____

이름에 '로봇'이 들어갔다고 해서 직립보행만 떠올려서는 안 된다. 물론 인간형태의 로봇도 있지만 일반적으로 간병로봇이라고 하면 시니어의 돌봄을 지원하는 기술, 간병받는 사람의 자립을 위한 기술, 간병인의 신체적 부담을 경감하기 위한 기술과 그 기술이 반영된 기기를 통틀어 말하는 것이다.

카나가와복지서비스진흥회의 간병로봇 보급 추진 사업을 보면, 로봇을 환자의 입욕이나 배설 등 개호업무를 지원하는 개호 지원형 로봇과 보행·재활·식사·독서 등 요개호자의 자립을 지원하는 자립 지원형 로봇, 요개호자와 함께 놀아주고 돌봄과 안부를 확인해주는 커뮤니케이션 및 시큐리티형 로봇 등으로 나누고 있다. 또한 일본경제산업성은 폭넓은 제품군을 대상으로 간병로봇에 대한 중점분야를 다음과 같이 정하고 지원하고 있다.

① 이승 개조 기기: 환자나 노인을 기기에 태워 옮기는 데 도움을 주는 기기를 말한다(移乘介助機器). 개호자가 장착하면 침대의 요개호자를 쉽게 휠체어나 화장실로 이승(移乘)시킬 수 있다. 파워 어시스트 기능을 가진 간병로봇으로서 개호자의 허리 부담을 경감시킬 수 있다. 개호자 장착형과 비장착형이 있다.

② 이동 지원 기기: 실외용은 요개호자가 외출할 때 스스로 걸을 수 있도록 지원하고 물건 등을 운반하는 것을 도와주는 로봇이다. 실내용은 요개호자가 실내에 있을 때 화장실 왕복 보행을 지원하고 화장실과 침대에 앉거나 일어나는 동작을 지원하는 로봇이다.

③ 배설 지원 기기: 변기에 앉아 무난하게 배설할 수 있도록 지원한다. 배설물을 실외에 흘려보내거나 용기, 봉지로 밀봉해 배설물의 냄새가 실내에 퍼지지 않도록 조치하기도 한다. 이동과 조정이 가능하다.

④ 입욕 지원 기기: 요개호자가 욕조에 들어가고 나올 때 일련의 동작을 보조하는 로봇으로 요개호자 혼자 또는 개호자 1인의 보조를 받아서 목욕할 수 있다.

⑤ 돌봄(안부) 지원 기기: 개호 시설형은 개호 시설 내에서의 이용을 목적으로 센서와 외부 통신 기기를 탑재한 로봇이다. 24시간 여러 명의 요개호자를 돌볼 수 있으며 여러 명의 개호자에게 동시에 정보를 제공할 수 있다. 재택 개호형은 재택 개호를 목적으로 낙상 감지 센서와 외부 통신 기능을 탑재한 로봇이다. 욕실을 포함한 여러 방을 동시에 돌볼 수 있으며 어두운 곳에서도 원활하게 움직인다.

향후 간병로봇은 고급(간병)로봇, 개호보험 적용 로봇, 개호가전 등 3가지로 분화될 것이다.

① 고급로봇: 고도의 서비스를 제공하는 개호 시설이나 유료 노인 홈 등에서 훈련받은 개호 종사자가 사용하거나 서비스 사업자의 기술 지원을 받으면서 부유한 재택 요개호자가 사용하는 로봇이다. 주로 의료 기기회사에서 만든다.

② 개호보험 적용 로봇: 개호보험제도의 규격과 가격을 맞춘 로봇으로 시설에서 개호 종사자가 사용하거나 재택 대상자가 구입 또는 대여해 사용하는 로봇이다. 주로 중소복지 기기회사에서 만든다.

③ 개호가전: 요개호자, 요지원자, 일반 시니어에게 필요한 것이지만 복지 기기 또는 개호 기기의 정의에서 벗어난 로봇이다. 개호보험 적용 제외이고 종합 가전 및 이동 기기사에서 주로 만든다.

다양한 간병로봇과 영화 같은 기능들

알티(RT) 알티워크스(www.rtworks.co.jp)의 전동 보행 어시스트 워커이며 클립을 잡으면서 누르면 간단한 조작할 수 있다. 요개호자의 이동을 지원한다. 센서가 이용자의 힘과 움직임, 노면 상태 등을 감지해 상황에 맞게 제어한다. 예를 들어 오르막길에서는 모터의 지원으로 힘을 들이지 않고 올라갈 수 있으며 반대로 내리막길에서는 브레이크 제어로 안전한 보행이 가능하다. 통신 기능을 활용하면 이용자가 현재 어디에 있는지 개호자에게 정보를 알려줄 수 있다.

실루엣 돌봄 센서 킹통신공업(www.king—tsushin.co.jp)이 만들었으며 요개호자가 침대에서 일어나거나 벗어나는 것이 감지되면 미리 지정된 컴퓨터나 모바일 단말기(스마트폰, 태블릿 PC)에 정보를 송신해 멀리 떨어진 곳에서도 돌봄이 가능하도록 되어 있다. 야간에도 상황을 확인할 수 있는데 프라이버시를 배려해 전송한 화면은 실루엣으로 처리된다.

파로(PARO) 고령자의 주택 건설에 힘을 쏟고 있는 다이와하우스 공업(www.daiwahouse.co.jp)이 만들었으며 테라피 효과가 가장 뛰어난 로봇이다. 기네스북에 등재된 커뮤니케이션 로봇이기도 하다. 물개 모양인 파로는 탑재된 인공지능과 센서로 요개호자에게 다양한 감정적 반응을 하며 동물과 유사한 동작도 한다. 시니어가 어루만지거나 말을 걸면 눈꺼풀이나 다리를 움직이면서 울음소리까지 낸다. 부드럽고 촉감이 좋은 인조 모피로 만들어져 시니어 환자들이 보듬고 쓰다듬으면서 마음의 안정을 찾는 데 도움이 된다. 파로를 일본뿐만 아니라 스웨덴, 미국 등의 요양 시설에서 실험한 결과, 심리적(기분 향상, 동기 증가 등), 생리적(스트레스 해소, 혈압 안정 등), 사회적(커뮤니케이션 증가, 활성화 등) 치료효과가 나타났다. 치매환자의 뇌 기능에 미치는 효과를 연구한 결과, 14명 중 7명이 파로를 사용하고 나서 뇌 기능상태가 개선되기도 했다. 일종의 동물 치료 요법과 같다고 볼 수 있다. 미국 FDA(식품의약국)에서 의료 기기로 승인받아 의료 시설이나 간호 복지 시설에서 사용되고 있다.

페퍼(Pepper) 소프트뱅크의 로봇 자회사인 로보틱스가 개발한 인간형 로봇으로 표정과 목소리로 그 사람의 감정을 인식할 수 있는 기능을 갖고 있다(www.softbank.jp/robot). 독자적인 감정 기능을 갖고 있어 스스로 감정을 갖고 행동한다. 항상 인터넷에 접속되어 있어 최신 뉴스와 일기예보 등을 제공하고 막대한 회화 관련 데이터베이스를 갖고 있어 폭넓은 화제로 대화할 수 있다. 뇌 트레이닝 게임 관련 앱을 탑재하고 있어 사회를 보면서 치매 치료에도 활용할 수 있다.

팔로(Parlo) 회화, 보행, 인터넷 접속, 기억 등 인공지능을 가진 휴머노이드 커뮤니케이션 로봇으로 후지소프트가 만들었다(http://www.palro.jp). 작은 인형 크기인데 100명 이상의 얼굴과 음성을 식별하며 정보를 기억할 수 있고 스스로 말을 걸어 퀴즈를 내는 것도 가능하다. 환자끼리 대화를 시작하는 계기를 만들어주고 레크리에이션 사회를 볼 수도 있다.

리쇼네 플러스(Resyone Plus) 파나소닉의 개호 어시스트 로봇으로 중증 환자의 경우 환자만 들어 올리지 않고도 침대에서 휠체어로 안전하고 간단하게 이동할 수 있게 해주는 어시스트 침대다(www.panasonic.com/jp/corporate/wonders/prize/2017/resyone.html). 2005년 이승지원(移乘支援: 환자나 노인 옮기기를 지원함)로봇으로 개발하기 시작했는데 현장의 목소리를 반영해 침대 일부가 분리되어 휠체어가 되는 제품으로 다시 태어났다. 과거에는 로보틱 베드(Robotic Bed)로만 판매했지만 리모컨을 통해 침대 반쪽을 휠체어로도 사용이 가능한 플러스 버전을 선보인 것이다. 전동 케어 베드와 전동 휠체어가 간단하게 분리되어 간병인과 환자가 힘들이지 않고 침대에서 휠체어로 안전하게 이동할 수 있다. 이용자가 눕고 일어나서 이동하는 연속 동작이 별도의 기기 교체 없이 가능하기 때문에 낙상의 위험이 크게 줄었다. 또한 휠체어의 방향을 침대 좌우 아무 쪽이나 선택해서 연결할 수 있기 때문에 방의 구조와 상관없이 침대를 배치할 수 있다. 이용자 삶의 질 향상과 개호자의 부담을 경감시켰음은 물론이다.

스칼라모빌(Scalamobil) 환자를 휠체어에 태운 상태에서 계단을 오르내릴 수 있는 전동 계단 승강기 로봇으로 알버재팬(www.alber. jp)이 만들었다. 엘리베이터나 리프트를 사용하는 것보다 비용이 저렴하고 여러 장소에서 사용할 수 있으며 휠체어와 승강기를 간단하게 탈·부착할 수 있다.

리바(RIBA) 일본 문부과학성 산하 과학기술연구소인 이화학연구소가 만든, 일명 리켄(RIKEN)의 리바(RIBA: Robot for Interactive Body Assistance)는 환자를 들어 옮길 수 있는 인간형태의 간병로봇이다(http://rtc.nagoya.riken.jp/RIBA). 백곰 모양의 로봇이 두 팔로 61킬로그램 이하의 환자를 침대나 휠체어에 옮기거나 이동시킬 수 있다. 촉각으로 로봇을 조작해 환자의 위치와 자세, 환경 변화에 유연하게 대응할 수 있고 고강도 수지 재료 등 신기술을 채용하고 있다.

체중 지지형 보행 어시스트 로봇 혼다기연공업(www.honda.co.jp/robotics)이 만들었으며 사용자의 체중 일부를 기기가 지지해 다리 근육과 관절의 부담을 경감시켜준다. 신발에 연결된 기기를 다리 사이에 끼고 그 위 시트를 골반에 거는 형태다. 모터의 힘으로 신발과 시트 사이에 있는 프레임을 무릎처럼 구부렸다 폈다 하면서 체중의 일부를 지지해주기 때문에 다리의 근육과 관절의 부담을 줄여줄 수 있다. 한편 혼다는 혼자 걸어 다니는 이족보행 로봇 아시모(ASIMO)로도 유명하다.

할(HAL: Hybrid Assistive Limb) 장착형으로 신체 기능을 개선하는 로봇 슈트이며 쓰쿠바대학교 내 벤처에서 출발한 의료 전문 로봇 제작사 사이버다인(www.cyberdyne.jp)이 만들었다. 사람이 신체의 일부분을 움직이려고 마음먹었을 때 뇌에서 각 부위의 근육에 송신하는 생체 신호를 로봇이 미리 읽어 그 의도대로 작동해 간병 활동을 보조하는 기능을 갖고 있다. 현장에서 개호자의 허리에 전달되는 부담을 경감시켜 요통 발생 리스크를 감소시키는 기능도 있다. 중량이 2.9킬로그램으로 가볍기 때문에 여성과 시니어도 간단히 장착해 사용할 수 있다. 2013년에는 유럽에서 의료용으로 승인받았다.

머슬 슈트(Muscle Suit) 환자를 침대에서 안아서 들어 올리거나 눕힐 때 간병인의 허리 부담을 경감시키기 위해 고안된 공기압을 이용한 슈트 로봇으로 이노피스(www.innophys.jp)가 만들었다. 모터가 아닌 매우 강력한 힘을 수축하는 공기압식 인공 근육을 사용해서 사람, 물건을 들어 올릴 때 신체의 부담을 대폭적으로 경감시켜 준다. 안전성이 높고 적은 고장이 특징이며 배낭형태라서 누구나 10초면 장착할 수 있어 간편하다. 농촌, 공장 등 허리를 자주 사용하는 곳에서 좋은 반응을 얻고 있다.

마이 스푼(My Spoon) 손이 불편한 환자의 식사 자립을 지원하는 로봇이다(www.secom.co.jp/myspoon). 이용자가 턱으로 손잡이를 조작해 스푼과 포크가 달린 팔을 움직이면서 전용 식판에 준비된 음식을 먹을 수 있다. 이용자의 증상에 맞춰서 3종류의 스틱과 조작 모드(수동, 반자동, 자동)를 선택할 수 있다.

마인렛 사와야카 엔윅(NWIC)이 만든 자동 배설 처리로봇이다 (www.minelet.com). 환자가 배변, 배뇨를 하면 내장된 센서가 감지해 배설물을 신속하게 흡입하고 온수 세정에 제습까지 모두 자동으로 처리해준다. 간병인이 신경 쓰지 않아도 세정과 제습이 가능해 청결과 위생을 유지할 수 있어서 환자도 불쾌감이 없다. 하루 1번만 기저귀를 교환하면 되기 때문에 간병인의 육체적, 정신적 부담이 대폭 경감된다(사와야카는 '상쾌하다'를 의미한다). 개호보험이 작용되어 월 단위로 대여도 가능하다.

베드 사이드 수세변기 토토의 제품으로 실내의 침대 옆에 설치할 수 있다(https://jp.toto.com/products/ud/bedsidetoilet). 침대에서 화장실까지 이동하는 불편을 없앤 것이 장점인데 수세식으로 오물 처리를 할 필요가 없는 혁신적인 로봇이다. 실내용이기 때문에 당연히 탈취기능도 있다. 어른 두 명이 들어서 이동시킬 수 있으며 사용자의 상태와 상황에 따라 설치를 변경할 수도 있다.

생활 지원

일본의 인구문제연구소는 독거 시니어들이 타인과 2~3일 중 한 번밖에 대화를 나누지 않으며 독거 남성의 16.7%는 2주일 중 한 번밖에 대화를 나누지 않는다는 충격적인 조사결과를 발표했다.

독거 시니어가 늘어나면서 고독사 등이 사회문제로 대두되자 시니어 돌봄 및 안부 확인 서비스에 대한 관심이 높아지고 있다. '시니어 안부 확인 서비스'란, 독거 시니어나 시니어 부부만 있는 세대를 대상으로 매일매일 건강 상태와 안부를 확인하고 만일 이상이 감지되면 서비스기관의 직원이 방문하거나 구급기관에 통지하는 것을 말한다. 이러한 서비스는 향후 건강 증진, 생활 지원, 재활, 치매 예방 등 다양한 니즈와 연계되어 계속 발전할 것으로 예상된다.

오겡끼데스까?

일본의 시니어 안부 확인 서비스는 먼저 지자체에서 지역 주민을 대상으로 실시했다. 나가노현은 2013년에 고독사 방지를 목적으로 신문 배달, 전기·가스회사 등의 사업자들과 '지역 안부 확인 활동에 관한 협정'을 체결했다. 업무 관계상 가정을 자주 방문하는 사업체가 시니어 가정에서 이상한 부분을 발견하면 지자체에 즉시 연락하는 시스템을 구축한 것이다. 요코하마에서도 택배원이 60세 이상의 시니어 세대에서 이상을 발견하면 지정된 곳으로 연락하도록 취하고 있다. 이러한 움직임은 많은 지자체로 확대되고 있다.

'3장 주거'에서 설명했지만 시니어들은 오랜 기간 생활했던 집과 지역에서 노후를 보내고 싶어 한다. 그러한 니즈를 충족시켜주고자 하는 취지도 있지만 AIP 정착이 사회적 비용 절감의 효과가 있기 때문에 정부 차원에서 적극적으로 나서고 있다. 시니어들을 지역에서 안심하고 안전하게 생활할 수 있도록 지원하는 '지역 포괄 케어 시스템'을 구축한 것인데 이와 연계해 시니어 안부 확인 서비스는 더욱 발전할 것으로 보인다. 이 서비스에는 다음과 같은 다양한 형태가 있다.

① 복합 서비스 연계형: 긴급 통보, 돌봄·안부 확인, 건강·생활 서포트 등의 다양한 서비스를 조합한 형태. 그리고 정기적으로 방문해 청소, 세탁, 장보기 등을 도와주는 부가 서비스가 있다.

② 센서·기기 활용형: 매일 사용하는 가스, 냉장고, 화장실, 전기포트 등에 센서를 부착하는 방식. 일정 기간 동안 센서가 반응하지 않으면 시니어의 이상 유무를 직접 확인해 긴급 상황에 대응하게 된다.

③ 시니어 직접 통보형: 시니어가 자신이 갖고 있는 디바이스(Device)로 위급 상황을 직접 신고하게 하는 방식.

④ 전화 상담형: 콜센터 전화 상담원이 직접 시니어의 안부를 확인하는 방식인데 말 상대 역할도 병행한다.

⑤ 배달 서비스 조합형: 식사나 물품 등 상품을 배달하면서 배달원이 시니어의 안부를 확인하는 방식.

⑥ 스마트폰 활용형: 스마트폰의 독자적인 기능 또는 앱을 설치해 안부를 확인하는 방식.

시니어 안부 확인 서비스

시니어 안부 확인 서비스는 그 대상을 개인형과 시설형으로 구별해 사업 모델를 분류할 수 있다. 개인형은 독거노인의 일상생활을 확인해 긴급 시에는 멀리 떨어져 있는 가족 등에게 통보하는 방식이다. 옵션으로는 비상 시 구급, 건강 상담, 화재 감시, 생활 지원 서비스 등이 있다. 시설형은 의료·요양 시설 등에서 제공하는 서비스로써 주로 야간에 시니어를 돌볼 목적으로 개발되었다. 현관, 벽, 화장실, 문 등에 감시 카메라를 설치해 이상이 발생하면 간병인에게 통지하는 방식이다. 주로 센서가 내장된 콜 매트나 베드 사이드 콜 등을 활용하고 있다.

최근 치매환자의 위치 추적과 안부 확인에 대한 관심이 높아지고 있다. 치매환자 몸에 부착하는 펜던트나 신발에 내장된 GPS를 활용해 시니어 환자의 위치를 확인하는데 긴급 통보가 가능한 서비스가 늘어나고 있다. 침대 부근에 센서를 설치해 치매환자의 낙상 사고를 미연에 방지하는 서비스도 있다. 침상 이탈을 감지하는 센서 기기, 센서가 내장된 매트, 호흡 횟수를 감지하는 센서, 적외선 등을 활용하고 있다. 치매 원인이 되는 아밀로이드 베타(Amyloid-β, Aβ)의 축적량과 치매 검사 정보 등 관련 데이터를 수집해 치매를 예방하고 조기에 발견할 수 있는 웨어러블(Wearable) 기기도 개발되어 활용되고 있다.

시니어 안부 확인 서비스의 시스템을 생각할 때 첨단 기기부터 떠올리는 사람이 많다. 하지만 센서를 부착한 가전제품으로 안부 알려주기, 카메라를 설치해 생활 상태 파악하기, 위급 상황 발생 시 경비회사 요원 출동하기 등 여러 가지가 있다. 이러한 방법이 효과가 있는 것은 사실이지만 시니어의 근본적인 문제, 즉 고독을 해소할 수는 없다. 기기를 사용하면 멀리 떨어져 사는 가족들은 안심할 수 있지만 시니어 본인의 만족도는 높지 않고 거부감이 생길 수도 있다. 그래서 전속 커뮤니케이터와의 대화를 통해 안부를 확인하는 서비스가 독거 시니어뿐만 아니라 노노케어를 하는 사람들에게도 효과적이라는 의견이 많이 대두되고 있다. 독거 시니어가 늘어나는 것이 어쩔 수 없는 현실이므로 해당 서비스는 소비자의 니즈와 시대 변화에 발맞춰 계속 진보할 것으로 예상된다. 일본의 대표적인 시니어 안부 확인 서비스업체는 다음과 같다.

일본 최초, 전기포트의 안부 확인 서비스 1994년 도쿄 이케부쿠로에서 비극적인 사건이 발생했다. 장기간 병에 걸린 아들과 간병을 하던 어머니가 사망한 뒤, 1개월 만에 발견된 것이다. 이 뉴스를 접한 한 의사가 코끼리밥통으로 유명한 가전제품 제조사 조지루시(www.zojirushi.co.jp)에 "일상 생활용품을 활용해서 시니어의 일상 생활을 확인하는 시스템을 만들 수 없을까?"라는 질물을 했고 담당 부장이 신입사원에게 "어떻게 할 수 있을까? 고민해보라"고 지시하면서 시니어 안부 확인 서비스가 시작됐다.

조지루시는 NTT도코모, 후지츠와 협력해 2001년부터 '미마모리 핫라인' 서비스를 시작했다(www.mimamori.net). 무선 통신기를 내장한 전기포트가 멀리 떨어져 사는 가족에게 안부를 전하는 방식이었다. 전기포트의 '전원 넣음', '물 끓임' 등의 이용 상황을 1일 2회씩 가족들에서 휴대전화나 이메일로 알려주고 홈페이지에 1주일간의 사용 현황을 업데이트해 시니어의 생활 리듬과 이상을 발견할 수 있게 했다. 현재 1만 명 정도가 사용하고 있다.

긴급 출동, 세콤의 철통 보안 서비스 경비회사 세콤(www.secom.co.jp)은 기존에 제공하던 보안업무 외에 안심 서포트, 가사 서포트, 트러블 서포트 등 3가지 생활 지원 서비스를 제공하고 있다. 안심 서포트는 외출 및 방범, 화재 관리, 비상 연락 등으로 되어 있다. 집 안에 설치된 각종 센서가 이상을 감지하면 자동적으로 세콤에 통보가 되기 때문에 집에 있을 때는 물론이고 외출했을 때도 안심할 수 있다. 물품에 대한 도난 보험금이 할인되고 건물에 손해가 발생하면 수선 비용을 최대 1,000만 엔(1억 원)까지 보상한다. 가사 서포트를 통해서는 전문 청소부터 일상적인 가사 도우미, 정원 관리, 묘지 관리까지 다양한 서비스를 제공하고 있으며 트러블 서포트에는 열쇠, 유리, 수도, 컴퓨터 등에 문제가 발생하면 처리해주는 서비스가 포함되어 있다.

옵션 서비스도 매우 다양하다. 응급이나 부상을 당했을 때 목걸이형 긴급 버튼을 누르면 가이든맨이 긴급 출동하는 마이 닥터, 간호사나 개호 서비스업자와 연결시켜주는 마이 닥터 플러스, 거실이나 화장실의 등 생활 동선에 센서를 부착해 사람의 움직임을 감지하고 일정 기간 움직임이 없으면 자동적으로 통지하는 라이프 감시 서비스, 월 1회 전화로 건강 상태와 최근 일상생활을 물어보고 상담 내용을 이메일로 가족에게 알려주는 건강 콜 서비스, 월 1회 방문해 건강 상태 등 일상생활을 점검하고 돌봄 서비스까지 제공하는 건강 방문 서비스, 전화 건강 상담이나 예방 의료 서비스, 의료기관 및 전문의 정보 등을 제공하는 세콤 메디컬클럽, 가스 누출을 감지해 가족에게 알려주고 세콤에도 통지하는 가스 누출 감지 등이 있다. 외출할 때 지니고 다닐 수 있는 시큐리티 전용 단말기인 세콤고도 있으며 PC나 휴대전화를 통해 현재 있는 곳을 확인하다가 외출 시에는 응급상황에 대응하고, 거리를 배회하는 치매환자를 찾을 수 있도록 출동 서비스도 제공한다.

주택 경비업체들은 빈집 관리 서비스도 제공하고 있다. 오래전부터 1인 독거 세대가 많았던 일본에는 그 세대의 사망이나 이주로 인해 빈집이 우후죽순 생겨나고 있었다. 사회적 문제가 되자 경비업체들이 비즈니스 아이템을 찾은 것이다. 빈집은 방치되기 시작하는 순간부터 급속도로 노후화된다. 작은 마당을 끼고 있는 개인주택이 많은 일본의 특성상 더욱 그렇다. 팔려고 내놓아도 팔리지 않는다면 말 그대로 애물단지가 된다. 이 시장을 경비업체들이 공략하고 있다. 정기적으로 방문해 배수, 우편물, 도난, 외부 침입 등을 확인하고 가족에게 전달해주는 서비스를 시작한 것이다.

우체국의 생활 밀착형 안부 확인 서비스 이메일의 보급으로 우편물 양이 줄어 고민하던 일본우정그룹(www.japanpost.jp)은 2013년 집배원을 활용한 시니어 생활 지원 서비스를 시험적으로 도입했다. 반응이 좋아 점차 확대했으며 2016년 10월, 13개 지자체 738개 우

편국에서 실시하다가 2017년에 일본우정국 산하 일본우편이 NTT
도코모, 세콤 등 8개사와 함께 새로운 회사를 설립하기에 이르렀다.
장보기 지원, 건강 관리 서비스 등 대기업의 노하우를 살려 전국 2
만 400개의 우편국 네트워크를 활용한다는 계획도 세웠다. 일본우
편과 간보생명보험이 50%씩 출자하고 일본 IBM, 다이이티생명홀
딩스, 알속(경비회사), 텐츠(광고회사) 등이 동참했다.

집배원이 시니어의 집을 월 1회 방문하거나 매일 같은 시간에 전
화를 걸어서 건강 상태를 점검하고 그 결과를 가족과 의료기관에
알려주는 방식이다. 또한 일본 IBM은 시니어용 태블릿 PC를 개발
해 임대해주는데 시니어가 이 태블릿 PC를 사용해 지역 슈퍼마켓
에 생필품을 주문하면 집배원이 배달해준다.

스마트한 전화 안부 확인 서비스 통신회사인 NTT도코모는 스마트
폰을 활용해 시니어들이 자신의 건강 상태를 가족들에게 알려주는
서비스를 제공하고 있다. 시니어가 가족의 걱정을 덜어주고, 또한
떨어져 사는 자녀도 편리하게 부모의 안부를 확인하고 싶어 하는
니즈를 충족시키려고 개발했다.

우선 시니어가 자신의 상태(건강, 약간 건강, 나쁨)를 매일 등록하
면 그 정보가 가족에게 통지된다. 또한 스마트폰 이용현황(걸음 수,
화면 로그인, 배터리 잔량)도 1일 1회 가족에게 이메일로 보내진다.
긴급 시에는 안부 앱에 등록된 전화번호로 원터치 발신이 가능하며
스마트폰 가속도 센서가 큰 충격을 감지하면 가족 등 도우미에게
통지된다. 낙상으로 인한 사고가 많기 때문에 개발된 기능이다.

이와데현립대학교에서 시니어 안부 확인 서비스를 이용한 시니어와 그 가족 등 안부 확인자를 대상으로 실험한 결과, 이용자의 83.3%, 안부 확인자의 83.1%가 도움이 되었다는 긍정적인 답변이 나왔다. 시장 조사 컨설팅회사인 시드플래닝의 조사에 따르면, 멀리 떨어져 사는 자녀들의 요구가 증가하면서 2014년 142억 엔(1,420억 원)이었던 시니어 안부 확인 서비스의 시장 규모가 단카이 세대가 75세 이상이 되는 2025년에는 227억 엔(2,270억 원)으로 확대될 것으로 예상하고 있다. 또한 웨어러블 기기, 사물통신[M2M: Machine to Machine, 즉 홈 오토메이션, 인터넷 유비쿼터스 센서 네트워크(IP—USN), U—헬스케어, 스마트 그리드] 기술의 실용화, 통신 인프라의 진화와 함께 새로운 기술이 접목되면 시니어 안부 확인 서비스는 한층 더 발전할 것이다. 참고로 LG유플러스도 '부모 안심 IoT' 서비스를 하고 있다. 스마트폰 전용 앱을 통해 언제, 어디서나 부모의 안부 확인이 가능하다. 부모 집에 있는 센서와 연결되어 부모의 외출, 식사 여부 외에도 가스 밸브 잠금 상태와 TV 시청 여부 등을 확인할 수 있다.

집안일 대신해주는 서비스

청소, 빨래, 설거지 등의 집안일을 전문가가 대신해준다? 일본에서는 맞벌이 부부가 많아지면서 가사 대행 서비스를 이용하는 가정이 많이 늘어나고 있다. 업체도 따라서 증가하고 있다. 과거에는 부유한 사람들이나 가정부를 고용해 제공받는 서비스라는 인식이 강했지만 이제는 일반 가정에서도 많이 이용하고 있다.

가사 대행 서비스는 가정부와 달리 계약 대상이 개인이 아니라 법인이라서 문제가 발생하면 운영회사가 책임을 지고 대책을 마련한다. 보통 가정부 수고비를 일급이나 월급으로 계산해주지만 가사 대행 서비스는 시급으로 지급한다.

가사 대행 서비스 고객은 크게 시니어 세대, 맞벌이 부부 세대, 단신 세대 등 3가지로 나뉜다. 특히 시니어 세대가 주요 고객이다. 체력 저하와 배우자 사별 등으로 생활환경이 악화되면서 도움이 필요한데 이때 시니어 가사 대행 서비스가 필요해진다. 신체적인 어려움을 겪으면서 스스로 가사를 돌볼 수 없는 경우가 많기 때문이다. 일본 세대주 연령별로 가사 대행 서비스 지출액을 보면, 젊은 1인 또는 2인 이상 세대보다 나이가 많은 세대에서 높게 나타나고 있다. 특히 고령자 남성 1인 세대가 많이 이용하고 있다.

코트라(대한무역투자진흥공사) 후쿠오카무역관에 따르면, 2012년 조사에서 일본의 가사 대행 서비스 시장 규모가 약 1,000억 엔(약 1조 원)으로 집계되었으며, 일본 경제산업성은 수년 후 6,000억 엔(6조 원) 규모로 성장할 것으로 전망했다. 맞벌이 부부를 위한 잡지 〈닛케이 듀얼(DUAL)〉의 조사에 따르면, 2012년 3.2%에 머물렀던 서비스 이용고객의 비율 역시 2016년에는 62.7%로 크게 증가한 것으로 나타났다. 또한 일본 가사 대행 서비스업체인 퍼솔이 2016년 6월에 실시한 조사결과에 의하면, 활용하는 서비스가 청소(50%), 요리(36%), 설거지(34%), 빨래(32%) 순으로 나타났다. 가사 대행을 이용하게 된 계기로는 가사에 대한 스트레스(21%), 입원 등 가족의 일시적인 부재(9%), 출산(9%), 일로 인한 가사 시간 부족(9%), 출산·육아휴직으로부터의 복귀(5%) 순이었다.

코트라는 수요 급증, 외국인 노동자에 대한 개방 확대 등으로 볼 때 일본에서 성장세가 가장 뚜렷한 업종 중 하나가 가사 대행 서비스가 될 것이라 전망했다. 일본 정부가 가사 대행 서비스업에 종사하는 외국인 노동자에 대한 비자 발급 간소화, '여성 경제활동 확대

추진', '장시간 노동의 삭감 및 가사에 대한 부담 경감' 등의 정책을 펼치고 있어 관련 시장이 더욱 확대될 전망이다. 최근 들어 고객과 기업의 매칭 효율화, 직원 스케줄의 중앙 관리, 신규 직원에 대한 교육 등을 위한 앱 개발이 잇따르는 등 IT 기술을 통한 서비스의 고도화 경향이 뚜렷하므로 국내 기업의 일본 시장 진출 역시 유망할 것이라고 조언했다. 나아가 산후조리 서비스 등 아직 일본에서 일반화되지 않은 한국형 서비스도 일본에서 매우 유망할 것으로 예상했다. 일본에서 가사 대행 서비스로 잘 알려진 회사는 다음과 같다.

카지타쿠 2008년에 설립된 카지타쿠(www.kajitaku.com)는 하우스 클리닝, 택배 클리닝, 정리 수납 등 가사 대행 서비스를 제공하는 회사다. 이 회사는 서비스 이용권을 슈퍼마켓, 드러그스토어(Drug Store) 등에서 살 수 있다는 특징이 있다. 신청용 티켓과 이용 순서가 들어있는 키트를 구입한 다음, 콜센터나 인터넷을 통해 서비스 희망일을 정하는 방식이다. 서비스 이용권을 판매하고 있는 소매점은 서미트, 세이죠, 도큐핸즈 등 1,500개 점포이며 소고, 세이부 등 백화점과도 연계해 상품권으로 판매하고 있다. 마치 어버이날 선물처럼 부모에게 에어컨 필터·가스렌지 후드 클리닝, 주방 및 욕실 청소를 선물하는 것과 같다. '택배 클리닝'이란, 택배 기사가 의류, 이불 등을 직접 수거해 세탁하고 최장 9개월까지 보관해주는 것을 말한다. 주로 겨울옷이나 솜이불을 의뢰하는 고객이 많다.

가사 대행으로는 청소, 정리 수납, 세탁 등이 있는데 1회 혹은 정기적으로 요청할 수 있다. 자격증을 소지한 정리 수납전문가가 고객의 요구사항을 듣고 물건을 필요 또는 불필요로 구분한 다음, 전문적인 수납방법과 수납용품을 활용해 최적의 정리 수납을 해준다. 2016년 자체 조사에 따르면, 만족도 97%, 주변 추천 의향 72% 등 높은 점수를 기록했다.

최근에 이온그룹이 카지타쿠를 인수했다. 사실 가사 대행이나 청소 사업을 하는 회사는 영세한 경우가 많아 인지도 향상과 시장 개척을 위한 판매 촉진 활동에 한계가 있었다. 이러한 문제점을 극복하기 위해 가사 대행 서비스를 개발하고 운영한 전문회사의 노하우와 대형 유통회사 이온의 브랜드 파워가 만난 것이다. 이온그룹은 서비스의 인지도와 신뢰성을 향상시킬 수 있고 지역의 가사 대행 사업자에게도 사업을 확대할 수 있어 전국적인 시너지 효과가 기대된다. 도쿄 등 수도권에서는 카지타쿠가 직접 서비스를 제공하고 다른 지역에서는 가사 대행업자와 업무 위탁 계약을 체결해 운영하고 있다.

베어즈 1999년부터 일상적인 가사 대행, 집이나 사무실 청소, 아기 돌봄 등 다양한 서비스를 제공하고 있다(www.happy—bears.com). 베어즈 레이디라는 도우미가 전국적으로 5,000명 이상이며 연간 33만 건 이상을 수주하고 있다. 직원은 계속 늘어나 전년 대비 60% 증가한 800명을 추가로 채용하기로 했다. 2016년 9월 말 매출이 40억 엔(400억 원)이며 그 중에서 시니어 대상 서비스 관련 매출이 7억 엔(70억 원)이다.

그동안 이용자는 맞벌이 부부가 중심이었으나 최근에는 시니어 이용객이 급속히 증가하고 있어 고령자를 지원하는 시니어 서포트 알60(R60) 프로젝트를 별도로 전개하고 있다. 나이가 많은 시니어의 가사 대행이 대부분이지만 취미 생활과 지역 활동으로 분주한 액티브 시니어도 많이 활용한다.

멀리 떨어져 사는 자식들이 정기적인 방문 가사와 안부 확인을 요구하는 경우가 많아 서비스에 반영했다. 또한 현장의 니즈를 통해 독거노인의 고독감 해소를 위한 말 상대 서비스도 개발했다. 가장 인기 있는 서비스는 요리 대행이다. 시니어의 입맛과 취향을 고려해 며칠분의 식사와 반찬을 만들어준다. 법인회원으로 가입하면 해당 기업의 직원이 모든 서비스를 할인요금(5~10%)으로 이용할 수 있다. 이는 새로운 개념의 복리후생제도다.

니치이각칸 의료, 가사, 육아, 개호 서비스분야의 선두주자인 니치이각칸(www.nichiigakkan.co.jp)은 연매출 약 3조 원에 달하는 일본 최대의 요양 시설 그룹이다. 직원만 8만여 명에 달한다. 제공하는 서비스는 청소 대행, 일상생활 도우미, 정리 수납, 장기 빈집 관리, 안부 확인, 입·퇴원 도우미, 고령자 케어 등 다양하다. 가사 대행과 외출 도우미를 조합해서 이용할 수도 있다.

2016년에는 현지 기업을 인수하는 방식으로 중국 개호 서비스 시장에 진출했다. 2016년 12월까지 중국 내 24개 도시에 사업 거점을 확보한 뒤, 중국 부유층을 대상으로 사업을 펼치고 있다. 2017년에는 어린이집에 가고 싶어도 못 가는 2세 이하 대기 아동이 2만 명을 넘자 일본생명과 손잡고 어린이집 100곳을 짓기도 했다.

이외에도 일본 방문 목욕 서비스 기업인 어스 서포터가 현지 기업과 협력해 상하이에 데이케어 시설을 개설했다. 고령자를 위한 트레이닝 기기와 운동 장비를 갖추고 일본과 같은 서비스를 제공하고 있다. 의료용품기업인 프랑스베드도 2017년부터 간호용 침대의 중국용 모델 생산을 시작했다.

오소지홈포 가사 대행 서비스 기업인 하세가와코산이 운영하는 청소 대행 프랜차이즈 오소지홈포(www.osoujihonpo.com)도 매우 유명하다. 2018년 오리콘 고객 만족도 조사에서 하우스클리닝과 가사 대행, 두 분야에서 1위를 차지했다.

홈 인스테드(Home Instead) 미국에서 시작된 가사 대행 서비스 회사도 있다. 미국의 가사 대행 서비스 회사인 메리메이드에서 근무하던 28세의 폴 호건은 88세의 할머니에게 부양문제가 발생하는 것을 보고 창업을 결심했다. 혼자 거동하기 힘들어지자 냉장고에는 상한 음식이 쌓이고 우체통에는 우편물이 넘쳐나고 잔디밭에는 잡초가 무성해지기 시작한 것이다. 폴 호건은 고령자가 자택에서 자립 생활을 하기 위해서는 의료 서비스 외에도 사람과 사람 간의 마음을 연결해주는 서비스가 필요하다는 것을 실감하고 1994년 홈 인스테드 시니어 케어를 설립했다(www.homeinstead.com). 1차적인 목표는 할머니를 케어할 사람, 이른바 케어 기버(Care Giver)를 뽑는 일이었다. 그리고 삼촌, 매형, 친구 등이 다른 지역에 지점을 설립하면서 본격적으로 프랜차이즈 사업이 진행되어 3년 만에 전국 99개 점으로 확대되었다. 2000년에는 일본의 더스킨과 해외 지사로서 사업 제휴를 맺었고 현재 14개국에서 1,000개가 넘는 지점이 운영되고 있다(https://lifecare.duskin.jp). 청소 대행업체이자 도넛 프랜차이즈인 미스터 도넛으로 유명한 더스킨은 이미 메리메이드의 일본 판권을 소유하는 등 가사 대행 서비스에 관심이 많은 회사였다. 일본에만 더스킨 홈 인스테드라는 이름으로 100여 개 지점이 운영되고 있다.

회사 이름에서 알 수 있듯이 '지금까지 살았던 익숙한 집(Home)'에서 '가족 대신(Instead) 고령자의 생활을 도와주는 것'이 사업의 목적이다. 서비스는 컴패니언십(Companionship, 우정)에 중점을 둔다. 고객이 말로 표현할 수 없는 생각과 희망을 경청하고 배려해 가족처럼 응대하는 것이다. 전문적인 연수를 받은 스태프가 시니어에게 발생한 사소한 일부터 가사 및 간병까지 폭넓은 서비스를 지원한다. 식사 준비를 돕는 것이 중요하지만 준비된 식사를 드실 수 있도록 옆에서 격려하는 것도 중요하다고 보는 것이 회사의 방침이다.

고령자마다 요구사항과 어려움이 다르기 때문에 맞춤형 서비스 플랜으로 운영한다. 청소, 식사, 세탁 등 일상생활의 가사 도우미가 가족들과 생활하면서 휠체어, 보행, 식사, 화장실 도우미를 하기도 한다. 시장 보기와 산책 등 일반적인 외출 외에도 관람, 축하연, 입원, 퇴원 등을 지원하며 집이나 병원에서 장기간 간병이나 치매환자의 간병, 말 상대, 외출 도우미도 한다.

100엔 서비스부터 출장 백화점까지 _____

저렴한 가격이나 독특한 서비스로 승부하는 회사도 많다. 최근에는 쇼핑 난민(생활용품 등을 사러 나가기 어려운 고령자를 일컫는 일본의 신조어)을 위해 VR(Virtual Reality, 가상 현실) 시스템을 도입한 장보기 서비스도 등장했다. 서비스업체의 직원이 스마트폰 영상통화 기능을 이용해 슈퍼마켓 내부를 촬영해서 전송하면 시니어가 집에 앉아서 구매하고 싶은 물건을 정하는 방식이다. 일본 경제산업성에 따르면 쇼핑 난민이 700만 명에 달한다.

고요키키 시니어의 사소한 용무(전구나 건전지 교체, 병 따기, 우편물 회수하기, 청소 등)를 100엔(1,000원)이라고 하는 놀라운 가격에 대신해주는 서비스를 펼치고 있다(www.goyo—kiki.com). 서비스 시간은 5분 내외인데 용무가 좀 더 복잡해지면 요금도 올라간다. 가구 옮기기, 쓰레기 처리, 정원 정리, 청소 등을 원할 경우 300엔(3,000원) 서비스를 신청하면 된다. 후루이치 모리히사 대표는 쇼핑 난민을 지원하는 배달 서비스 사업을 시작했다가 실패한 뒤, 지금의 서비스 사업을 시작했다. 현재 도쿄 등 8개 지역에서 서비스를 실시하고 있다.

이러한 서비스를 대학생들이 제공한다는 점이 눈에 띈다. 최저 임금보다 좀 더 받고 봉사활동을 펼치고 있다. 학생은 교훈을 얻고, 시니어는 젊은이들과 대화를 통해 삶의 활력을 얻을 수 있기 때문에 서로 원원이다. 참고로 '고요키키'란, 단골집의 주문을 받으러 돌아다니는 사람이나 그 행위를 일컫는 말이다.

카지 고요키키처럼 카지(https://casy.co.jp)도 저렴한 서비스 가격으로 유명하다. 1시간에 2,190엔(2만 1,900원)이라는 업계 최저가 수준으로 양질의 가사 대행 서비스를 제공하고 있다(주 1회, 3시간 서비스를 제공받는 정기 이용 상품에 가입한 경우). 컴퓨터는 물론이고 스마트폰으로 3시간 전에만 예약하면 서비스 이용이 가능할 정도로 대응이 신속하다.

풀카운트 쇼핑 난민들에게 쇼핑하는 즐거움까지 전달해주는 이른바 출장 백화점으로 인기를 끌고 있는 회사다(http://full-count.net). 시니어 시설의 식당이나 강당 등을 빌려 의류와 생필품을 모아놓고 자유롭게 쇼핑하도록 한다. 일종의 벼룩시장, 바자회 개념인데 몸을 움직여 멀리 이동하지 않아도 된다는 점, 필요한 물건만 모았다는 점, 저렴하다는 점, 휠체어를 타고도 마음껏 쇼핑할 수 있다는 점 등으로 시니어들의 사랑을 받고 있다. 판매직원은 개호 경험이 있거나 자격증이 있는 사람들로 구성된다. 요양 시설직원들을 대신해 레크라운드라는 이름의 레크리에이션도 대행해준다.

알65 65세 이상의 시니어를 위한 맞춤형 부동산회사이다(http://r65.info). 부동산회사에 근무하던 야마모토 류 대표는 80대의 건강한 시니어가 5번이나 입주를 거절당하는 것을 본 뒤, 창업을 결심했다. 현실적으로 일본에는 시니어 임차인의 고독사, 임차료 연체, 화재 등을 이유로 시니어 중개를 꺼려하는 부동산회사가 많다. 야마모토 류 대표는 역발상으로 그런 시장에 뛰어들었다. 알(R)은 영화의 등급(Rating)을 의미한다. 65세 이상의 시니어를 위한 집이기 때문에 대중교통이 편하고 병원이 가깝고 임대료가 저렴한 물건 위주로 취급한다. 일반인들에게 인기가 없는 1층도 시니어들은 마다하지 않기 때문에 오히려 사업에 플러스 요인이 되고 있다.

개호보험 외 서비스

일본 개호보험은 그 비용이 매년 증가해 어려움을 겪고 있다. 제도의 지속 가능성을 높이기 위해 서비스의 효율화와 경증환자에 대한 서비스 억제가 요구되고 있는 상황인 것이다. 일정 이상의 소득이 있는 고령자에게는 본인 부담금을 10%에서 20%로 올려 이용자 부담을 인상하기도 했다. 요지원자의 방문 요양과 데이케어 서비스는 기존 개호 사업자의 서비스에 추가해 민간 기업, NPO, 자원봉사 단체 등이 제공하는 다양한 서비스를 이용할 수 있도록 했다.

최근 주목받는 비즈니스가 바로 '개호보험 외(外) 서비스'다. 개호보험에서 제공하는 서비스 이외의 고령자를 대상으로 생활 지원 서비스를 제공하는 것이다. 비용은 이용자 본인이 전액 자비로 부담한다. 이 서비스는 생활 전반에 걸쳐 이뤄지며 형태가 다양하다. 대표적인 서비스가 가사 대행, 식사 배달, 외출 지원, 여행 동행, 안부 확인, 정리 수납, 방문 이·미용 등이다. 방문 요양 서비스에서는 환자의 가족이나 일상적인 생활 지원을 제공하지 않는다. 본인 이외 가족을 위한 세탁, 청소, 요리는 물론 제외된다.

개호보험 외 서비스는 적용 범위가 정해져 있지 않기 때문에 소비자의 다양한 니즈에 대응할 수 있고 요양등급 판정을 받지 않아도 이용할 수 있다. 물론 비용을 전액 본인이 부담해야 하지만 잘 활용하면 삶의 질을 향상시키고 생활을 좀 더 편하게 해준다.

또한 개호보험 서비스를 받으면서 자비로 고품질의 부가 서비스를 희망하는 소비자가 늘어나자 '혼합 개호'의 필요성도 제기되고 있는 시점이다. 일본은 보험 진료와 보험 외 진료가 섞인 혼합 의료가 원칙적으로 금지되어 있다. 서비스를 함께 받으면 전액 본인이 부담해야 한다. 이에 따라 개호보험 외 서비스만 본인이 부담하는 혼합 개호를 인정하자는 것이다. 개호보험은 원칙적으로 10%를 본인이 부담하면 서비스를 이용할 수 있고 개호보험 외 서비스를 함께 이용하는 것이 금지되어 있지는 않다. 그러나 후생성은 보험 내 서비스와 보험 외 서비스를 명확하게 구분하는 것이 필요하다는 견해다. 현재 개호 사업자는 개호보험 서비스와 개호보험 외 서비스를 동시에 일괄해서 제공할 수 없다.

일본 정부의 재정 사정이 어려워 간병인의 처우 개선을 위한 보수 인상도 힘든 상황이다. 혼합 개호를 이용하기 쉽게 하면 사업자는 다양한 개호보험 외 서비스를 제공해 수익을 증대시킬 수 있다. 간병인 임금도 인상해 인력 자원이 정착함으로써 인력 부족을 해소하고 경쟁을 촉진시켜 서비스의 질 향상과 이용자 편의성을 증대시킬 수 있다는 취지다. 개호보험 외 서비스 대상과 내용을 자유롭게 설계할 수 있도록 하는 것이다.

일본 정부는 2025년 완성을 목표로 추진하고 있는 지역 포괄 케어 시스템에서도 개호보험 외 서비스를 자비로 구입하도록 설계하고 있다. 아베 정권이 추진하고 있는 일본재흥전략에서도 의료 개호에 관한 전략 시장 창조 플랜의 하나로 생활 지원 서비스를 전략 분야로 설정하고 개발과 보급에 힘쓰고 있다.

일자리와 제2의 인생

100세 시대에는 은퇴 후 제2의 인생을 위한 일자리가 화두다. 일부 선진국에서는 정부 차원에서 정년퇴직의 시기를 늦추고 있지만 현실적으로 역부족이다. 취직을 할 수 있다면 좋겠지만 들어가기가 바늘구멍이다.

어쩔 수 없이 창업을 해야 하는 상황이 온다. 하지만 준비 없이 무작정 창업한다는 것도 쉬운 일이 아니다. 그래서 시니어의 지식과 경험을 활용해 사회 공헌을 꾀하고 활기찬 장수사회를 만들기 위해 '시니어 창업을 지원하는 사업'이 기대를 모으고 있다. 또한 경험이 풍부한 시니어 인재를 필요한 회사에 파견해 사회공헌 일자리를 창출하는 플랫폼도 인기를 끌고 있다.

느슨한 창업이 목표

100세 시대에는 은퇴 후의 삶이 너무 길다는 것을 누구나 알고 있다. 60세를 젊은이로 보는 현실에서는 은퇴도 가능한 한 늦춰야 한다. 1994년 60세 정년을 도입한 일본은 2013년에 정년을 65세로 늘리는 법안이 통과됐다. 노동자가 희망할 경우 고용해야 한다. 2025년부터는 의무사항이다. 60세인 공무원의 정년도 2033년까지 65세로 늦추는 방안을 검토 중이다. 그리고 일본노년학회는 2017년에 노인을 75세 이상으로 정의하자고 했다. 이러한 배경에는 기초노령연금의 수급 개시를 현 65세에서 68세로 늘리려는 정부의 의도가 있기 때문이다. 연금이 바닥나기 전에 시니어의 경제활동 시기를 연장시키고자 하는 것이다.

유럽의 정책은 특히 획기적이다. 독일은 2029년까지 정년을 67세로 올리는 중이고 스페인이나 프랑스는 2013년에 정년을 각각

67세, 62세로 올렸다. 영국은 아예 정년이라는 나이 제한을 오래전에 없앴다.

이제는 인생 2모작으로도 부족해 3모작을 하면서 살아야 한다. 자의 반, 타의 반으로 창업을 해야 한다는 얘기다. 하지만 쉬운 일은 아니다. 퇴직금이라는 종자돈이 있고 열정도 있지만 인생 마지막 도전이라고 생각하면 결단을 내리기가 쉽지 않다.

일본의 시니어 창업자는 약 63만 명이다. 시니어 인구에서 차지하는 비중이 4% 정도인데 선진국 기준으로는 그렇게 높은 수준이 아니다. 일본은 생애 현역사회를 실현하기 위해 '1억 총활약사회'를 외치고 있다. 2050년 이후에도 인구 1억 명을 유지하면서 저출산 및 고령화문제를 극복하겠다는 아베 정권의 목표다. 이를 위해 합계 출산율을 현재 1.4명에서 1.8명으로 끌어올리는 정책을 추진하고 있다. 구체적인 정책으로는 탄력 근무, 재택 근무, 육아 휴직, 야근 축소 등이 있다.

느슨한 창업을 강조하는 긴자세컨드라이프

다이와증권 등의 대기업에서 법무팀, IPO(Initial Public Offering, 주식 공개 상장)를 담당하던 카타기리 미오가 2008년에 설립한 '긴자세컨드라이프(https://ginzasecondlife.co.jp)'는 시니어 창업을 지원하는 대표적 기업이다. 카타기리 미오 대표는 어릴 때 자신을 키워준 할머니가 치매환자가 되자 곁에서 간병하면서 '시니어에게 필요한 것은 생활의 보람'이라는 생각을 하게 되었다. 그것이 창업의 계기였다. 회사를 그만두고 행정 서사, 재무설계사 관련 자격증 등을 취득해 긴자에 있는 작은 원룸에서 사업을 시작했는데 당시 나이가 27세였다.

긴자세컨드라이프는 비즈니스 플랜 작성, 공적제도 활용, 자금 조달, 계약서 작성, 법률 및 회계업무, 인적 네트워크 구축, 매출 신장 등 창업 전 분야에 걸쳐 종합적으로 지원하는 회사다. 매월 창업 세미나와 교류회를 개최하는데 100명 이상이 참석해 아이디어 발굴 및 인적 네트워크를 구축하는 자리가 된다. 또한 금융기관과 공동으로 시니어를 위한 비즈니스 플랜 콘테스트를 개최하고 있다. 또다른 사업으로는 저비용으로 사무실을 임대해주는 렌트 사업이 있다. 앙트레살롱(Salon for Entrepreneur)을 긴자, 신주쿠, 니혼바시, 요코하마 등 12곳에서 운영하는데 5,000여 개의 회사가 이용하고 있다. 프리 데스크, 단독 룸, 사업장 주소지 등으로 이용할 수 있는데 회원사들이 공동으로 사무실과 교육장 등으로 사용하면서 인적 교류가 생기기도 한다. 우리나라의 소호 사무실 임대업과 유사한 시스템이다.

카타기리 미오 대표는 '느슨한 창업'을 강조한다. 절박하거나 무리하게 창업하지 말고 행복이나 충실감을 얻기 위해 좋아하는 일을 중심으로 창업하라는 것이다. 무리하지 말고 적당한 수입을 얻는 창업을 말하는데 요즘 트렌드로 하면 '소확행(작지만 확실한 행복)'이라 할 수 있다. 물론 일본은 후생연금제도가 상대적으로 잘 자리 잡은 덕분에 가능한 일이긴 하지만 말이다.

　사실 시니어 창업과 주니어 창업 간에는 차이가 있다. 주니어들은 비전과 열정으로 창업하지만 시니어들은 새로운 분야보다 기존의 업무와 연관성을 갖고 주로 창업한다. 현직에 있을 때 쌓은 인맥과 거래처를 활용해 판로 확대나 경영 컨설팅을 하는 사업이 주류를 이루고 있다. 하지만 현역시절의 지위에만 의존해 과신하고 경험이 풍부하다고 생각해 전문가에게 상담받지 않고 혼자서 계획을 세웠다가 실패하는 경우가 적지 않다.

　자기를 내려놓고 겸허하게 상담을 받는 자세가 필요하다. 자신이 좋아하는 것, 잘하는 것, 시장 가치가 있는 아이템을 찾아 창업해야 성공할 수 있다. 목표는 현역시절에 받았던 1년 연봉을 2~3년 내에 받는 것이다. 돈보다 삶의 보람을 느끼는 것이 시니어 창업의 성공 목표다.

시니어만을 위한 회사

시니어 인재를 파견하다

퇴직 후 인생 2모작을 위해 재취업을 하고 싶은 시니어들, 그런데 가고 싶은 곳은 많지만 불러주는 곳이 없다. 이런 요구에 부응해 만들어진 것이 시니어 인재 파견회사인 고우레이샤(高齡社, www. koureisha.co.jp)이다. 고령자와 일본어 발음이 같은 고우레이샤는 60세 이상만 채용하는 '고령자의, 고령자에 의한, 고령자를 위한' 회사다.

설립자는 도쿄가스 출신의 야마다 겐지다. 2000년 새로 설치한 가스기기를 점검하는 업무를 전 직장에서 위탁받으면서 창업했다. 퇴직자 25명으로 시작했는데 2002년 노동자 파견 사업, 2004년 유료 직업 소개 사업으로 확장했다. 2017년 6월 현재, 등록 사원이 약 861명인데 취업자 392명(취업률 45.2%), 평균 연령이 69.6세다.

사원의 등록조건은 60세 이상 75세 미만이고 희망자는 업무 경험과 자격증 보유 등 근로조건을 등록하면 된다.

사전에 일하고 싶은 업무와 시간을 등록하면 이에 맞춰 업무가 주어지는 시스템이다. 시니어의 희망과 적성에 맞는 근무처가 결정되며 고용 계약을 체결한 다음, 고객회사에 파견된다. 정년제도, 구조조정도 없으며 중간에 그만두는 경우도 거의 없어 83세의 최고령자가 있을 정도다. '70세 생애 현역'을 선도하는 기업으로 각광받고 있다. 주 3일 근무에 월 보수 8~12만 엔(80~120만 원)이 표준 모델이며 주 5일 업무를 2~3명이 분담하는 워크 셰어링을 하기도 한다. 시니어의 체력을 고려해 여러 명이 나눠 일하게 해서 취미 생활과 집안일을 동시에 할 수 있게 하는 워라밸('Work and Life Balance'의 준말) 형태인 것이다. 주요 업무는 가스 검침과 가스요금 수금, 가스 설비의 유지 보수 등 가스와 관련된 것이 많다. 이외에도 가전 수리, 에어컨 청소, 유인물 배부, 연립주택 관리, 경리 업무 등 100여 가지에 달하는 일을 하기도 한다. 파견된 회사에서 원활하게 일할 수 있도록 시니어 연수에도 힘을 쏟고 있다. 비즈니스 매너와 실무 연수, 젊은 세대와의 커뮤니케이션 방법 등을 교육해 젊은 직원들의 거부감을 없애는 데 주력하고 있다.

고우레이샤는 시니어의 활약을 촉진하는 선구적이고 대표적인 기업이다. 비즈니스 구조를 짜면서 시니어의 강점을 최대한 활용했다. 예를 들어, 젊은 직원들은 토요일과 일요일에 출근하지 않고 가족과 함께 즐기고 싶어 한다. 그러나 시니어는 '매일 일요일'이다.

경험이 많아 교육 비용이 적게 들고 즉시 적응이 가능하며 정사원이 아니라서 잔업수당을 주지 않아도 되고 주말에도 일을 시킬 수 있다. 또한 현역시절의 풍부한 경험과 지식을 활용해 젊은 세대를 지도하고 기술을 이전할 수도 있다. 기업들이 저비용, 고품질의 시니어를 찾는 이유다. 시니어 입장에서는 일자리와 보람을 동시에 찾을 수 있는 비즈니스이기도 하다. 건강해서 일하는 것이 아니라 일을 해서 건강해진다.

이 회사는 비즈니스 모델을 업종별, 지역별로 확충하고 있다. 시니어뿐만 아니라 여성, 장애인에게도 일자리를 만들어주려고 노력하고 있다. 2012년에는 가사 대행 서비스인 카지완을 출시해 여성 시니어를 위한 일자리 사업도 시작했다. 유니버설 디자인 상품의 개발과 농업 비즈니스에도 진출할 예정이다.

지역사회 공헌을 목적으로 하는 시니어 일자리 창출 _____

퇴직 후에 건강한 시니어가 지역사회에서 활약하는 커뮤니티인 '시니어 소호(SOHO) 보급 살롱 미타카(www.svsoho.gr.jp)'는 1999년에 미타카에 사는 게이오대 동창생들의 모임에서 시작됐다.

미타카는 도쿄에서 약 18킬로미터 떨어져 도심까지 출퇴근이 가능한 베드타운으로 퇴직자가 많이 살고 있다. 동창생들은 퇴직 후에 도서관이나 기원에서 시간을 보내는 것보다 지금까지 쌓아온 경력을 살려서 사회에 기여하고 싶다는 데에 뜻을 같이 했다. 풍부한 지혜, 경험, 기술, 인맥을 가진 건강한 시니어를 결집해 지역문제를 지역주민이 해결하는 커뮤니티 비즈니스를 만든 결과물이다. 이 커뮤니티는 퇴직자들의 지역 데뷔 플랫폼으로 활용되고 있다. 처음에는 IT에 강한 회원들이 중심이 되어 정부에서 조성금 600만 엔(6,000만 원)을 받아 시작했다. 시니어가 시니어 자신을 지원하는 지역 활동의 모범사례로 주목받는 사업형 NPO다.

현재 교육 사업은 시니어에 의한, 시니어를 위한 PC교실이 중심이다. 미타카의 미타카산업플라자에서 다양한 강좌를 열고 있다. 미타카에 있는 초·중학교에서 위탁하는 사업을 총괄하며 지역사회 공헌을 목적으로 하는 활동을 기획하고 운영한다. 지역 니즈에 맞춰 SNS에서 회원 간 네트워크를 구축하고 워킹그룹을 만들어 미타카를 중심으로 사업을 추진한다.

초등학교 지킴이(스쿨 엔젤스), 사업 매칭(이키이키플라자), 시니어 무료 직업 소개(와쿠와쿠 서포트) 등 여러 가지 사업이 있으며 수주한 사업에 지식과 경험을 고려한 회원을 파견하는 구조다. 최대 사업은 2006년부터 시작한 초등학교 지킴이 사업으로 연간 계약금액이 2,700만 엔(2억 7,000만 원)이다. 시내 15개 학교에서 어린이들의 안전을 지키기 위해 교문에서 4시간씩 2교대 근무를 하고 있다. 또한 8개 초등학교와 교정에 잔디밭 만들기 사업을 추진해 어린이들과 함께 유지 및 관리를 하고 있다.

회원은 최고 경영자, 의사, 교수 등 다양한 전문 지식과 경험을 가진 145명으로 구성되어 있고 평균 연령 68세이며 최고령자는 86세다. 지역을 지원하는 사업을 연간 10건 정도 수주하고 있으며 연매출은 약 1억 엔(약 10억 원)이며 연회비는 1만 엔(10만 원)이다.

입회하면 지위고하가 없고 회원과 매니저만 있다. 지역문제를 해결하기 위한 사업을 수주하면 사업별로 매니저 1명이 지정되고 수익 사업을 책임진 매니저가 적임자(회원)를 공모해 사업을 전개하는 방식이다. 보수는 사업을 수주한 회원이 10%, 매니저가 10%, 법인이 20%를 받고 나머지 60%를 회원에게 분배한다. 자원봉사와 달리 발주 및 수주의 비즈니스 계약으로 정당한 보수를 받는 방식이다.

온라인 시니어 인력 시장

시니어들이 현직에서 쌓은 경험과 기술을 활용할 수 있도록 개인과 기업을 연결해주는 플랫폼도 주목받고 있다. 인터넷을 이용해 불특정 다수의 시니어들에게 일거리를 발주하거나 일할 사람을 모집하는 크라우드 소싱(Crowd Sourcing)이 바로 그것이다. 대중(Crowd)과 외부 자원 활용 혹은 외주(Outsourcing)의 합성어인데 비전문가인 대중의 참여를 통해 솔루션을 찾는 방법을 의미한다. 지역 활성화 등의 문제를 해결하는 역할이 기대되어 세계적으로 주목받는 비즈니스 모델이기도 하다. 이와 관련된 다양한 서비스가 개발되어 공유 경제 발전에도 기여를 했는데 에어비앤비와 우버가 대표적이다.

크라우드웍스(www.crowdworks.jp)는 일본 최대의 크라우드 소싱 사이트를 운영하는 회사다. 2011년 동일본대지진을 계기로 사회에 도움이 되는 인프라를 구축하겠다는 취지로 설립되었는데 2012년에 서비스를 개시해 2년 만에 상장하고 2014년에는 TV도쿄와 제휴해 시니어 세대에 특화된 프로그램을 제작했다.

온라인에서 개인에게는 일자리를, 기업에는 인재를 소개시켜주는 것이 주요 업무다. 계약부터 보수 지급까지 모든 것을 완결할 수 있는 시스템을 제공하면서 수수료를 통해 수익을 창출하고 있다. 예를 들어, 육아에 전념하는 전업주부, 간병인, 퇴직한 시니어 등 시간적 여유가 있는 사람들(작업자)과 필요한 인재를 찾는 기업(의뢰자)을 온라인에서 연결시켜주는 것이다. 시·공간에 얽매이지 않아도 되는 일거리가 필요한 프리랜서의 니즈와 정규직보다 단기간 프로젝트를 수행할 계약직이 필요한 기업의 니즈가 맞아떨어지면서 수익이 발생한다.

수익구조는 크게 2가지다. 첫 번째는 중소기업 플랫폼이다. 발주자인 기업이 일거리 단위로 구인 내용을 플랫폼에 올리면 서비스 수주자인 프리랜서가 응모한다. 일이 완료되면 수주자로부터 계약금액의 약 20%를 수수료로 징수한다. 발주자가 시스템을 무료로 사용하는데 긴급하게 요구하면 옵션요금을 받는 경우도 있다.

두 번째는 대기업의 아웃소싱 사업이다. 대규모 계약의 경우 크라우드워크스가 대기업과 업무 위탁 계약을 체결하고 작업 프로젝트를 관리하면서 요금을 받는다. 작업에 참여하는 프리랜서에게도 시스템 수수료를 징수한다.

크라우드워크스에 등록된 프리랜서는 100만 명 이상이며 발주사도 14만 개가 넘는다. 등록자 중에서 50세 이상이 약 9만 명이며 85세도 있다. 60~70세에 100~600만 엔(1,000~6,000만 원)의 수입을 올리는 경우도 많다. 설문조사 작업, 음성 파일을 텍스트로 바꾸는 작업, 이미지 분류 등 간단한 작업도 많지만 IT 엔지니어나 디자이너 등 현역시절에 전문적인 기술을 쌓은 사람이 필요한 작업도 있다.

사실 시니어는 현역 때 쌓은 귀중한 경험을 활용해 일자리를 찾는 것이 어렵다. 그래서 개인의 능력을 가시화해 일에 대한 평가와 신용을 공적으로 축적하는 것이 중요하다고 할 수 있다. 크라우드워크스의 조사결과에 따르면, 50세 이상 시니어 60% 정도가 정년 후에도 일하고 싶어 하며, 80%가 일을 하면 보람을 느낀다고 한다. 시니어들이 크라우드 소싱을 이용하는 이유는 '노후 취미, 보람', '자기계발, 자기 성장' 등이 65%였으며 '연금 수급 외 수입원 확보'가 16%였다.

시니어의 경험을 살리는 플랫폼은 앞으로 더욱 발전할 것이다. 일본의 크라우드 소싱 시장도 수천억 엔(수조 원) 규모로 발전할 것으로 전망된다.

시니어 강사를 파견하다

시니어 다이가쿠(www.senior—daigaku.jp)는 시니어 강사를 파견하는 NPO이다. 2003년 시니어르네상스재단에서 실시한 시니어 라이프 어드바이저 양성과정에서 만난 10명이 설립했다. 자신의 전문 지식과 경험을 살려 사회에 공헌하고 인생도 즐기는 방법을 찾으면서 나아가 젊은 세대와도 공생하는 자조 노력이 시니어들에게 필요하다는 생각을 창업으로 연결했다. 구체적으로는 시니어의 사회 참가를 독려하고 지원하면서 여가 활동, 생애 학습, 건강 증진을 위한 사업을 추진하는 것이다. 시니어를 대상으로 각종 행사 개최, 친목 교류 사업, 생애 학습 교육 사업, 건강 유지 증진을 위한 보급, 생활 및 의식에 관한 조사 연구, 강사 파견 등이다. 이 중에서 가장 활발한 사업이 시니어 강사 파견이다. 기업 등에서 강연 요청이 들어오면 이에 적합한 강사를 소개해주고 수수료를 받는 것이 수익 모델이다. 수십 년의 현장 경험이 풍부한 850여 명의 강사진을 보유하고 있어 모든 분야의 강연이 가능하다. 경제, 법률 등 딱딱한 분야부터 여행, 역사 등의 취미분야까지 다양하다.

사회의 재산인 시니어의 경험과 지식을 활용해 생애 학습을 이끌어 가는 인력으로 만들고 시니어 교류의 장(場)을 만든다는 설립 취지답게 월 1회 세미나를 개최해 강의 기법을 연수시키고 모든 참가자에게 3분 스피치교육도 진행한다.

구관이 명관, 재무 경험이 풍부한 시니어 파견업 _____

은행원 출신인 토미자와 카즈토시는 65세에 정년퇴직을 한 뒤,

인재 서비스회사 여러 곳에 구직 등록을 했으나 일자리를 소개받지 못했다. 알고 보니 자신뿐만이 아니었다. 그리고 주변 퇴직자들 중에도 현역시절의 능력을 살려서 사회에 참여하고 싶어 하는 사람이 많았다. 그는 영세한 중소기업은 자금이 부족해 경리직원을 채용하기 어렵고, 있어도 갑자기 퇴직하거나 출산 휴가 등으로 자리에 없는 경우가 많다는 점에 주목했다. 정년퇴직 후 일자리를 원하는 건강한 시니어와 경험이 풍부한 경리직원을 저임금으로 채용하고 싶어 하는 기업을 연결하면 비즈니스 모델이 되겠다는 생각에 창업을 결심했다. 마침 인력 파견회사는 많았지만 재무 경험이 풍부한 시니어를 확보하고 소개시켜주는 회사는 없었다. 그래서 2013년 시니어 중에서 경리 및 재무 경험자를 중소기업에 파견하는 시니어경리재무(www.senior-keiri.jp)를 설립했다.

채용구조는 다음과 같다. 취업 희망자가 이력서를 보내면 면접을 통해 업무 능력을 점검한다. 면접에서는 경리 및 재무, 은행 입·출금, 고정 자산 관리, 원가 계산, 자금 운영, 청구서 작성, 해외 경리, 경영 컨설팅, 급여 계산, 사회보험 관리 등 업무와 관련된 능력뿐만 아니라 원활한 대인관계가 가능한지를 본다. 문제가 없다고 판단되면 등록이 완료된다. 그 이후 파견될 기업이 결정되면 시니어경리재무와 등록자 사이에 고용 계약이 체결된다. 시니어경리재무에서 급여가 지급되고 사회보험도 가입해준다.

현재 등록자가 130여 명이며 평균 연령은 65세 전후다. 70여 명이 일본 수도권에 파견되어 일하고 있으며 파견회사에서 시간당

2,200엔(2만 2,000원)을 받고 있는데 그 중 1,400~1,500엔(1만 4,000원~1만 5,000원)은 파견자에게 지급되고 나머지는 회사의 매출로 잡힌다. 파견된 회사에서 풀타임이 아니라 일주일에 2~3일 정도 일하고 싶어 하는 사람이 대부분이기 때문에 급여가 많다고 할 수는 없다. 등록자 중에 여성은 15명인데 최근에는 시니어 여성을 희망하는 고객사가 늘어나고 있다.

사업 초기에는 어려움도 있었다. 우선 시니어를 모집하는 것과 파견할 기업을 발굴하는 것이 어려웠다. 〈아사히신문〉에 '60세 이상 생애 현역으로 일하고 싶은 분, 10년 이상 경리 경험자 구인'이라는 광고를 냈는데 80명이 모였다. 다양한 분야의 사람이 모이는 세계 최대 규모 모임인 BNI(Business Network International)에 매주 참석해 홍보를 하기도 했다. 최근에는 기업과 밀착관계를 유지하고 있는 세무사들이 소개해주는 경우가 많다.

시니어경리재무는 현재 월 1,000만 엔(1억 원) 정도의 매출을 올리고 있으며 2020년까지 등록자 300명에 월 매출 4억 엔(40억 원)을 목표로 하고 있다. 상근직원은 3명이면 충분해 고정비가 적다는 장점이 있다.

시니어의 노동 시장이 달아오른 이유는 8분기 연속 성장한 일본 경제의 호황과 그에 따른 실업률 감소 때문이다. 2018년 1월 일본의 실업률은 24년 9개월 만에 최저치를 기록했다. 기업들이 젊은 인력을 모셔가기 시작했고 단카이 세대의 은퇴로 일손 부족 현상이 심화되고 있기 때문이다. 매년 은퇴하는 단카이 세대는 80만 명 수준이지만 연간 대졸자 수는 50만 명에 불과하다는 점도 영향이 있다. 고령자 빈곤율 50%, 65세 이상 임금 근로자 중 35% 이상이 일용직과 임시직에서 일하는 우리나라의 상황은 언제쯤 달라질까?

식생활

치아가 부실한 시니어라고 해서 묽은 죽만 먹어야 할까? 절대 그렇지 않다. 시니어가 되었다고 해서 음식에 대한 관심이 줄어들지 않는다. 하지만 구강구조의 변화 등 신체적 어려움 때문에 예전만큼 식사를 즐기지 못하는 것이 사실이다. 누구나 숨을 거두기 바로 직전까지 뭔가를 먹고 있어야 한다는 것은 거역할 수 없는 자연의 섭리다. 다시 말하면 '시니어 먹거리'야말로 먹거리가 사라지지 않는 비즈니스 아이템인 것이다.

이 점을 파고든 유니버설 디자인 푸드, 시니어를 위한 도시락 배달 서비스 등 새로운 비즈니스 모델이 뜨고 있다. 특히 도시락은 독거 시니어를 위한 혼밥용이라도 영양분을 고르게 섭취할 수 있게 만들어 인기가 많다.

시니어도 맛있는 음식이
먹고 싶다

성별이나 연령, 문화적 배경, 학력 수준, 장애 유무와 관계없이 누
구나 손쉽게 사용할 수 있는 제품 및 그 환경을 만드는 디자인을 유
니버설 디자인(Universal Design)이라고 부른다. 버스 손잡이, 지하
철 난간부터 아파트 디자인이나 도시 설계에 이르기까지 다양한 분
야에 적용된다. 은행처럼 소비자를 맞이하는 서비스업종이 매장의
출입구 문턱을 없애고 응대 창구의 높이를 낮추고 장애인 화장실을
설치하고 문의 손잡이를 레버식으로 교체하는 것이 하나의 사례다.
장애를 가진 사람도 편하게 사용할 수 있도록 도구, 시설, 설비 등을
만들자는 운동이라고 할 수 있는데 벽을 없앤다는 의미에서 배리어
프리 디자인(Barrier Free Design)이라 부르기도 하고, 모두를 위한
디자인(Design for All)이라 부르기도 한다.

앞으로 음식 섭취나 소화에 불편함 있는 사람들을 위해 특별히

디자인된 유니버설 디자인 푸드(Universal Design Food, 이하 'UDF')에 대해 알아볼 것이다(일본에서는 고령자를 위한 시니어 식품, 환자를 위한 개호 식품 등 시니어 푸드에 부정적 이미지가 있다고 해서 UDF 외에도 스마일 케어 식품으로 부르는데 UDF로 통일하겠다).

시니어 푸드 사업에서 먹거리를 찾는 기업

UDF는 형태에 따라 레토르트 식품, 냉동 식품 등의 조리 가공 식품을 비롯해 젤리, 걸쭉한 음료처럼 만든 유동식 제품으로 나뉜다. 소화가 잘되고 맛도 좋으면서 건강까지 고려한 영양식이며 장애와 관계없이 누구나 쉽게 먹을 수 있기 때문에 전통적으로 시니어 요양 시설과 병원의 급식으로 사용되었다. 그리고 준비가 간단하기 때문에 간병인의 부담을 줄여준다는 장점까지 있어서 널리 애용되고 있다.

시니어 푸드 사업이 미래 먹거리라는 인식이 확산되면서 업종을 전환하는 대기업이 늘고 있다. 중소기업들도 슈퍼마켓이나 드러그 스토어 등 소매점, 인터넷과 전화 주문 등을 통해 판매하고 있는데 점점 매출이 오르고 있다. 시니어나 환자뿐만 아니라 일반인도 음식 먹기가 어려울 때 UDF를 찾는 횟수가 증가하고 있기 때문이다.

처음 UDF가 등장했을 때에는 환자를 위해 만들어져서 맛없는 음식이라는 이미지가 강했다. 개호 식품, 보통 간병식이라고 하면 맛은 중요하지 않고 그저 부드럽게 만들기만 하면 되는 음식이었다.

그래서 건강에는 좋겠지만 맛은 없는 음식이라는 인식이 지배적이었다. 하지만 최근에는 품질이 향상되고 이용방법도 다양하게 발전되었다. 그 영향으로 소비자의 인식도 '조리법이 간단해 먹기 쉽고 맛도 좋고 영양가 높은 건강식'으로 바뀌는 중이다. 그래서 대기업도 뛰어들고 있다.

대표적 고령화국가인 일본은 이미 1980년대부터 시니어를 위한 가공 식품을 만들고 있었다. 그러다 2000년 개호보험이 도입되면서 민간 기업들도 UDF 시장에 뛰어들었다. UDF 시장은 초고속 고령화와 맞물려 빠르게 급성장했다. 일본개호식품협의회에 등록한 제조사는 2018년 76개이며 등록 아이템은 2,100개가 넘는다. 시장 규모도 2014년 1,322억 엔(1조 3,220억 원)에서 2020년 1,963억 엔(1조 9,630억 원) 규모로 성장할 것으로 예상되고 있다.

대표적인 기업이 1919년에 설립된 큐피(www.kewpie.co.jp)다. 큐피는 마요네즈 등 조미료를 주력 상품으로 생산하는 식품회사였다. 우리나라 주부들에게는 작은 유리병에 든 유아식으로 유명한 큐피는 1998년 일본 최초로 시판용 개호 식품을 개발해 병원과 요양 시설에 제공하기 시작했다. 이듬해부터는 '좋은 식단' 시리즈를 시작했는데 큐피가 특별히 신경 쓴 부분이 음식의 기본인 '맛'이었다. 보통 현장에서는 짧은 시간에 쉽게 먹을 수 있는 식사를 요구하지만 큐피는 시니어들이 먹는 즐거움을 잃지 않도록 신경 썼다. 처음에는 간병식인 것을 의식해 싱겁게 만들었지만 소금 대신 가츠오부시나 다시마 국물을 사용해 맛을 좋게 하고, 가정에서 부드럽게 요리하기가 번거로운 근채류가 포함된 메뉴를 개발해 시니어들이 마음 놓고 식사하는 즐거움을 느낄 수 있게 했다. 또한 고기를 먹기 쉽고 식감도 좋게 하기 위해 달걀 흰자위와 으깬 감자를 첨가해 가열해도 고기가 딱딱해지지 않도록 했다. 단지 부드럽게만 하는 것이 아니라 입속에서 흩어지지 않고 덩어리가 되도록 물성을 조정한 것이다.

UDF에서 중요한 요소 중 하나가 바로 물성이다. 그리고 시니어들을 위해 단백질, 섬유질, 칼슘, 아연 등 필수 영양소를 섭취할 수 있게 해서 식욕 부진이나 식사량이 감소하고 있어도 이용할 수 있는 식품을 제공하고 있다. 현재 4단계 54종의 UDF를 판매하고 있는데 슬로건은 'Food, for Ages 0~100'이다. 자신들의 주력분야인 이유식부터 시니어 푸드까지 말 그대로 누구나 먹을 수 있는 유니버설 디자인 푸드로 만들겠다는 것이다.

초창기 UDF는 제조사별로 규격 및 표시방법이 상이해 이용자가 불편했으나 2002년 일본개호식품협의회가 설립되면서 통일된 규격을 제정했다. 씹는 정도(굳기)와 마시는 정도(점도)에 따라 '쉽게 씹을 수 있음, 잇몸으로 부술 수 있음, 혀로 부술 수 있음, 씹지 않아도 됨' 등 4가지로 구분하고 인증마크를 부여해 소비자가 선택하기 쉽도록 한 것이다.

일본 농림수산성도 2013년 UDF의 시장 확대를 통해 식품 산업을 활성화시키고 국민의 건강 수명을 연장시키기 위해 기존에 개호식품이라고 불리던 식품의 범위를 정리한 다음, 스마일 케어 식품

[유니버설 디자인 식품 구분]

		구분 1 (쉽게 씹을 수 있음)	구분 2 (잇몸으로 부술 수 있음)	구분 3 (혀로 부술 수 있음)	구분 4 (씹지 않아도 됨)
씹는 정도		딱딱하거나 큰 것은 약간 먹기 어려운 정도	딱딱하거나 큰 것은 먹기 어려운 정도	잘게 자르고 부드러우면 먹을 수 있는 정도	고형물은 작게 해도 먹기 어려운 정도
마시는 정도		보통 마시는 정도	종류에 따라 마시기 어려운 경우도 있는 정도	물이나 차를 마시기 어려운 경우도 있는 정도	물이나 차를 마시기 어려운 정도
딱딱한 정도 (경도)	밥	밥~부드러운 밥	부드러운 밥~미음(죽)	미음(죽)	아주 부드러운 미음(죽)
	생선	구운 생선	삶은 생선	약간 걸죽하게 삶은 생선	생선 살코기를 체로 걸러낸 정도
	달걀	두껍게 구운 달걀	계란말이	달걀볶음	부드러운 죽
물성 규격	경도 상한치 (N/m²)	5×10^5	5×10^{44}	1×10^4(졸형태) 2×10^4(겔형태)	3×10^3(졸형태) 5×10^3(겔형태)
	정도 하한치 (mPa×s)	-	-	1,500(졸형태)	1,500(졸형태)

• 출처: 일본개호식품협의회 홈페이지

이라는 새로운 애칭을 공표했다. 부정적 의미의 간병 식품을 포괄적이고 긍정적 의미로 명명한 것이다. 그런 다음, 스마일 케어 식품을 씹는 방법과 형상 등으로 구분하고 그 내용을 알파벳과 색깔로 기호화했다. 약한 힘으로 씹을 수 있는 식품은 '사각형 안에 A', 잇몸으로 부술 수 있는 식품은 '다이아몬드에 B' 등으로 구분한 것이다. 더불어 영양 보충이 필요한 사람을 위한 식품은 '파랑', 씹는 것이 힘든 사람을 위한 식품은 '노랑', 삼키는 것이 어려운 사람을 위한 식품은 '빨강' 등으로 표시해 각자 상태에 따라 '새로운 UDF'을 선택할 수 있도록 했다. 2016년부터는 표시방법 관련해서 '구분 1~4' 수치를 삭제하고 식품 상태를 문구만으로 표시하도록 했다.

우리나라도 '고령 친화 식품 한국산업표준(KS)'을 추진하고 있다. 식품 포장지에 식품을 씹을 때 느껴지는 단단한 정도를 단계별로 표시한다는 계획이다. 1단계는 '약한 치아 섭취 가능', 2단계는 '잇몸 섭취 가능', 3단계는 '혀로 섭취 가능' 등의 방법으로 표기하는 식이다.

큐피가 50~79세 여성을 대상으로 실시한 '2015년 식생활종합
조사'에 따르면, 시니어가 외식하는 목적이 '가족과 시간을 보내기
위해서'에서 '맛있는 것을 먹고 싶어서', '간단히 끝내려고' 등으로
바뀌고 있었다. 지금은 도시락 배달 서비스가 맛있는 것, 간단한 것
에 대한 갈증을 충족시켜주고 있다.

사회 전체가 고령화가 되고 독거노인이 많아지면 멀리 떨어져 생
활하는 자녀들의 걱정도 따라서 증가할 수밖에 없다. 물론 가장 큰
걱정거리는 건강문제지만 하루 3번 식사에 대한 걱정도 빼놓을 수
없다.

일단 장보기와 요리부터 어려움이 있다. 식자재를 사기 위해 마트
까지 가서 무거운 짐을 들고 돌아오는 길은 시니어에게 험난한 산
을 오르는 것과 같다. 그리고 요리하면서 가스와 식칼을 사용하기

때문에 화재와 부상 위험도 뒤따른다. 그렇다고 해서 냉동된 가공식품만 먹다 보면 영양 섭취에 문제가 발생할 것이니 이 또한 걱정이다. 시니어는 건강을 생각해야 하기 때문에 중·단기적으로 고르게 영양요소가 분배된 식단 구성이 무엇보다 중요하다.

이런 니즈를 충족시키기 위해 등장한 것이 시니어를 위한 도시락 배달 서비스다. 관련 시장은 꾸준히 성장하고 있는데 그 배경에는 인구 고령화와 시니어의 소비 확대가 한몫을 했다. 기존의 70세 이상 시니어 대부분은 집에서 요리하고 식사를 했다. 몸이 아프거나 부득이한 상황에서만 도시락을 사와서 먹었다. 그러나 단카이 세대를 중심으로 집에서 요리하는 것이 싫고 외식보다 도시락 배달이 편하다고 생각하는 사람이 많아졌다. 이른바 '요리 이탈 시니어'가 증가하면서 시니어를 위한 도시락 배달 서비스가 성장하는 요인이 된 것이다.

일본에서 시니어를 위한 도시락 배달 서비스는 지자체로부터 위탁을 받은 NPO나 도시락 배달업체가 독거노인에게 음식을 배달하는 사회복지사업의 일환으로 출발했다. 이를 영리 사업으로 전환시키는 데 크게 기여한 회사가 와타미타쿠쇼쿠라는 외식업체다(www.watami—takushoku.co.jp). 1978년 식재료를 배달하는 회사로 출발해 2008년 이자카야 프랜차이즈 기업으로 발전한 와타미 그룹은 2012년부터 시니어를 위한 도시락 배달 사업을 본격적으로 브랜드화하는 데 집중했다. 식재료 배달과 이자카야 운영에서 쌓은 경험과 노하우를 바탕으로 시니어 푸드 시장에 뛰어든 것이다.

우선 전담 영양관리사가 염분과 칼로리를 고려한 건강한 메뉴를 개발했다. '마고코로(真心) 스태프'라는 배달원 조직을 구성하고 매일 한 집씩 정해진 시간에 마고코로도시락을 배달하게 했다. 그 과정에서 시니어와의 커뮤니케이션을 통해 인간관계를 구축했다. 또한 안전 예약제를 실시해 요리에 필요한 분량만 식재료를 구입하면서 효율화를 도모하고 가정에도 먹을 수 있을 만큼만 배달해 남기는 음식물이 없도록 환경문제에도 신경 썼다.

2008년 1일 배식 수가 4만 6,000식이었으나 2012년에 4.7배나 급성장했다. 2013년 말에는 매출이 전년 대비 48.1% 증가한 388억 5,000만 엔(3,885억 원)으로 그룹의 주력 사업인 이자카야 다음으로 많은 전체 24.6%를 차지했으며 영업점이 522개에 달했다.

이처럼 와타미그룹이 성공 가도를 달리자 세븐일레븐을 필두로 패밀리마트, 로손 등의 편의점도 시니어를 위한 도시락 배달 서비스 시장에 뛰어들었다. 시니어 비즈니스의 미래에 주목한 것이기도 했지만 시니어 시프트라는 시대적 흐름을 거스를 수 없기 때문이기도 했다.

일본은 청소년 인구 감소와 고령화사회에 접어들면서 편의점 소비자의 주 고객이 20~30대에서 40~50대로 바뀌고 있는 중이다. 장거리 외출이 어려운 시니어 이용자의 비중이 점점 더 높아지고 있기 때문이다. 우리나라 편의점의 도시락 소비자가 주머니 사정이 여의치 않은 젊은 층이라고 한다면 일본의 경우에는 시니어라고 할 수 있다.

점포 수가 약 1만 9,000개로 일본을 대표하는 편의점인 세븐일레
븐은 이러한 시장 변화를 감지하고 2000년에 편의점 식사 택배 서
비스를 제공하는 세븐밀서비스를 설립했다(https://7-11net.omni7.
jp). 2010년대에 들어서면서부터 시니어를 대상으로 하는 도시락
배달 서비스, 즉 '세븐밀' 사업을 본격적으로 전개했는데 2017년 3
월 기준으로 서비스에 가입한 회원이 97만 명이며 그 중 60세 이상
이 60%에 달한다. 집에서 거주하는 시니어를 대상으로 도시락 및
식료품을 배달해주는 서비스인데 500엔(5,000원) 이상을 구입하는
조건으로 2,000여 종의 상품을 무료로 배달해준다. 무거운 물건을
들고 갈 수 없는 시니어가 많기 때문에 인기다.

식단은 칼로리와 영양까지 고려해 구성을 매일 새롭게 하는데 소
비자들은 주간식단표 카탈로그를 통해 다음 날 또는 주말에 먹을
음식을 미리 정할 수 있다. 세븐일레븐은 배달 식품을 개발하면서
다음과 같은 3가지 전략과 목표를 고수했다.

① 건강을 배려한 식사를 제공한다. 시니어의 건강을 위해 15
가지 이상의 식재료를 사용하고 영양 관리사가 감수해 열
량은 300킬로칼로리, 염분은 2.2그램 이하로 제한한다. 밥
은 남기지 않게 190그램과 240그램 중에서 선택할 수 있
게 한다.

② 시니어만을 목표로 하지 않는다. 상품 내용은 시니어를 고
려하지만 시니어 외에 젊은 층, 주부도 대상 고객으로 한

다(시니어는 자기보다 젊은 층이 이용하는 서비스를 오히려 선호한다는 점에 주목한 것이다).

③ 정액제를 활용한다(사실 정액제는 한 번 계약하면 해약을 하지 않는 한, 반영구적으로 매출이 발생하게 된다. 나아가 사전에 판매량을 예측할 수 있어 재고를 줄일 수 있다는 장점이 있다).

세븐일레븐은 안정적인 유통망 확보를 위해 세이노택배와 제휴했다. 세이노택배는 지역에 사는 여성을 배달원으로 고용하면서 세븐일레븐 유니폼을 입게 했다. 세븐일레븐의 상품을 배달할 때 역으로 시니어가 필요하다는 상품의 주문을 받거나 안부 확인 서비스를 제공하는 등의 시너지 효과를 내고 있다. 이러한 시니어 돌봄 서비스를 2017년에 150개 점포에서 시험적으로 도입했는데 2019년까지 전국 3,000개 점포로 확대할 예정이다.

최근에는 가정뿐만 아니라 사무실 배달도 시작했다. 도쿄 도심에서 테스트로 시행해본 결과, 도심 사무실 배달 서비스 고객의 주문가액이 방문 고객보다 더 클 뿐만 아니라 고객 충성도도 높은 것으로 분석됐다.

시니어 전문 도시락 배달업체 '택배쿡123(www.takuhaicook123.jp)'도 주목받고 있다. 전국 300여 개 점포가 있으며 280개 지자체로부터 지정 배식 사업자로 업무 위탁을 받아 운영하고 있다. '123'은 서로 이웃하는 집이 3채가 있을 때 양쪽 옆집처럼 좋은 이웃이 되겠다는 의미가 담긴 네이밍이다. 이 회사의 경영방침은 '가족은 없어도 이웃은 있다'라는 마음으로 시니어를 배려하면서 기업(효율)이 아니라 가업(비효율)집단을 지향하고, '배를 채우는 것이 80%라면 마음을 채우는 것은 100%이다'라는 생각을 갖고 매일 배달되는 도시락으로 시니어에게 기쁨과 감동을 주는 식사를 제공하는 것이다. 택배쿡123 역시 전문 영양관리사가 시니어의 부족한 영양소를 고려해 개발한 1,000개의 레시피를 사용하고 있으며 배달과 함께 시니어의 안부를 확인하는 서비스도 펼치고 있다.

1999년에 설립된 도시락 판매업체 시니어라이프크리에이트(www.slc—123.co.jp)는 2000년대 중반부터 UDF 전문업체로 변신했다. 업계 2위이며 연매출이 90억 엔(900억 원)인데 그 중에서 80% 정도가 택배를 활용한 가정 배달이다.

일본에서는 다음과 같은 7가지 조건을 고려해 시니어를 위한 메뉴를 개발하고 있다.

① 더운물이나 전자렌지로 간단하게 요리 가능
② 영양관리사가 감수해 영양과 맛, 편식을 방지하는 밸런스형 메뉴
③ 계약 농가에서 식재료를 구입하고 품질과 안전을 철저하게 점검
④ 비만 방지와 건강을 위해 저칼로리, 저염분 식단
⑤ 고혈압, 당뇨병, 신장병, 통풍 등 환자용 식단도 준비

⑥ 질리거나 싫증 나지 않는 다양한 메뉴

⑦ 냉동 또는 상온에서 먹을 수 있는 비상식

미국식 유니버설 디자인 푸드

일본이 벤토(弁当), 즉 도시락문화로 유명하다면 미국은 통조림문화가 유명하다고 할 수 있다. 일본이 도시락에서 콩과 토마토를 먹는다면 미국은 통조림에서 꺼낸다.

전통적으로 즉석조리나 냉동 간편식으로 한 끼를 때우는 사람이 많은데 내용물 때문에 불만인 사람도 많았다. 그래서 최근에는 육류를 메인으로 하고 밥, 파스타, 야채 등을 곁들인 도시락이 출시되고 있다. 미국 역시 1~2인 가구가 많고 다들 너무 바빠서 도시락에 대한 반응은 좋은 편이다. 당연히 배달업체도 늘어나고 있다. 우리나라처럼 인터넷이나 전화, 스마트폰 앱을 통해 인근 식당의 음식을 배달해주는 업체 중심으로 늘어나고 있다. 한인사회에서는 교포가 원하는 한국 식당의 음식을 사다주는 배달업체도 있다.

마사의 시니어구르메(www.marthasseniorgourmet.com)는 시니어들에게 다양한 가정식 식사를 배달하는 업체다. 시니어 케어분야에서 활동했던 창업자의 경험이 창립 바탕이 되었는데 다음과 같은 약속을 내걸고 사업을 펼치고 있다.

'단체 급식이 아닙니다. 통조림 채소를 사용하지 않습니다. 적은 양의 나트륨을 사용하고 가정식 풍미가 가득 담겨 있습니다. 항상

신선합니다. 절대 냉동시키지 않습니다.'

기본적으로 28가지의 점심과 저녁식사를 4주 간격으로 제공하는데 냉동 식품이 아니기 때문에 받으면 바로 냉장 보관을 해야 하며 5일간 보관이 가능하다. 신선도를 유지하기 위해 얼음팩이 달린 단열가방과 함께 배달되는데 이 가방은 다음 배달 때 회수한다. 만일 고객이 집에 없으면 가방을 문 앞에 놓고 간다. 이때 일일 모니터링 리포트에 기록하기 때문에 시니어의 신변에 이상이 생겼는지도 파악할 수 있다. 당뇨식, 신장질환식, 저칼륨식 등 소비자의 건강 상태에 맞는 메뉴를 보유하고 있으며 기본적으로 계절 재료를 사용하기 때문에 영양학적으로도 균형이 잘 맞는다.

배달음식이 싫다면, 좀 더 특별한 음식을 원한다면 전문 셰프의 출장 서비스도 있다. 시니어를 위한 셰프(www.chefsforseniors. com)는 2013년 바렛 앨먼이 설립했다. 바렛 앨먼은 25년 이상을 외식업계에서 일한 주방장이자 레스토랑 주인이었다. 창업을 하게 된 계기는 자신의 레스토랑을 찾은 시니어 손님들의 고충을 알게 되면서부터다. 시니어들이 집에서 자기 자신을 위한 요리를 하는 것이 얼마나 힘든 일인지 듣다가 셰프가 직접 집에 찾아가 개인 맞춤형 요리를 해주는 비즈니스를 떠올렸던 것이다.

소비자가 신청하면 셰프가 직접 장을 보고, 주간 또는 2주 일정으로 방문해서 원하는 요리를 직접 해준다. 얼리지 않은 신선한 음식을 제공하는데 가격이 저렴해서 좋은 반응을 얻고 있다.

2시간 기준으로 9달러(9,900원)부터 시작하는데 10개 내외의 음식을 만들어 냉장고에 넣어준다. 창업 이후 8개 주에서 9만 명이 넘는 시니어들의 식사를 준비했다.

03 한국형 UDF
배달문화에 익숙한 우리나라에서도 가능성이 있다

우리나라의 UDF 시장도 빠르게 성장하고 있다. 고령 친화 상품의 시장 규모는 2015년 7,903억 원으로 2011년 대비 54.8% 늘어났다. 농림축산식품부에 따르면, 시장 규모는 2011년 5,104억 원에서 2017년 1조 1,000억 원으로 115.5% 급성장했다. 2020년에는 16조 원대까지 성장할 것으로 보고 있다.

기업들도 다양한 식품을 개발하고 있다. 한돈자조금은 대한영양사협회와 함께 치아가 약한 사람도 먹을 수 있는 국산 돼지고기 요리를 개발했다. 아워홈은 효소를 이용해 식재료를 연하게 만드는 기술을 개발하면서 시니어들이 편하게 먹을 수 있는 고기와 떡을 개발했다. 자사의 식품연구원을 통해 2017년 육류, 떡류, 견과류의 물성을 조절하는 기술 3건을 특허 출원했다. CJ프레시웨이는 2015년에 시니어를 위한 식자재 브랜드인 헬씨누리를 시작하면서 시니어 맞춤형 전용 상품을 출시했다. 체내 흡수율이 높은 고단백 식용 곤충 가루로 무스식 실버 푸드를 출시했는데 잘게 다진 무스식을 원래의 모양으로 복원시켜 시니어들이 먹는 즐거움을 느낄 수 있도록 하는 데 초점을 맞췄다. 이외에도 면역력 증강과 뼈 건강에 도움이 되는 음식, 소화가 잘되는 음식, 치매 예방 및 관리에 도움이 되는 음식 등 시니어를 위한 맞춤 메뉴를 개발해 선보이고 있다.

대상의 건강 전문 브랜드인 대상웰라이프는 시니어를 위한 고칼슘의 뉴케어 영양갱, 고단백 젤리인 뉴케어 망고젤과 복숭아젤, 150밀리리터 소용량으로 목 넘김이 부드럽고 편한 뉴케어 구수한 맛 미니 등을 출시했다. 탄수화물, 단백질, 지방 등 5대 영양소와 23가지 비타민 및 무기질 등으로 영양 균형을 맞췄으며 선식처럼 편하게 먹을 수 있도록 했다. 씹고 삼키는 것이 불편한 사람들을 위해 적은 양으로도 높은 점도를 낼 수 있는 점도증진제인 뉴케어 하이비스코도 출시했다.

그렇다면 도시락 배달 사업이 우리나라에서도 성공할 수 있을까? 우리나라는 이미 오래전부터 자장면, 족발, 치킨, 피자 등 배달문화가 형성되어 있었다. 최근 몇 년 사이만 봐도 배달의민족, 요기요 등 음식 배달을 전문으로 업체들의 성장세가 만만치 않고 편의점 도시락 역시 질적으로, 양적으로 꾸준하게 성장하고 있다. 주머니 사정이 좋지 않거나 바쁜 젊은 세대들은 거부감 없이 편의점 도시락을 애용하고 있다. 또한 세대가 변하면서 집에서의 요리가 줄고 외식의 빈도수가 늘어나고 있다.

신경 써야 할 부분도 있다. 우선 도시락 배달 사업의 가장 큰 과제는 고정 고객 확보이다. 와타미그룹도 매주 월요일에서 금요일까지 수백 종류의 메뉴를 배달한다고 선전했지만 실상은 매일 엇비슷하고 특징 없는 도시락을 배달하는 바람에 이용을 중지하는 경우가 적지 않았다. 또한 성공하는 업체가 나타나면 후발주자들이 속속 등장하는 상황에서 메뉴에 특장점이 없으면 선점한 시장의 우위성을 잃게 되기 때문에 과다 출혈 경쟁이 불가피한 레드오션이다.

노동의 환경문제도 걸림돌이다. 와타미그룹도 배달원의 수당 지급 및 서비스문제가 언론에 보도되면서 평판이 나빠졌다. 사실 일본에서는 배달원을 구하는 것이 매우 어렵다. 배달에 필요한 일정 수의 배달원을 확보하지 못하면 약속된 시간에 배달할 수 없기 때문에 서비스의 품질이 저하되고 그 결과, 소비자가 계약을 해지하는 악순환이 일어난다. 그래서 편의점업체들은 택배사와 제휴해 배달원을 확보하고 있다. 세븐일레븐은 '검은 고양이 야마토의 택배'로 유명한 야마토운수, 로손은 사가와급편과 각각 제휴하고 있다.

우리나라의 경우에도 최저 임금제, 4대 보험 가입, 주 52시간 근무 의무제, 오토바이 사고 등 배달원과 관련한 문제를 미리 해결하지 못하면 시행착오를 겪을 확률이 높다.

여행 및 유학

나이가 들어도 건강한 시니어가 많아지면서 여행에 대한 관심
이 뜨겁다. 또한 배움에 대한 갈망도 크다. 배리어 프리 여행, 시
니어 맞춤 여행, 해외 단기 유학 등 시니어들의 관심을 시니어
비즈니스의 기회로 연결하려는 움직임이 활발하다. 〈꽃보다 할
배〉, 〈윤식당〉, 〈알쓸신잡〉 등이 이런 니즈가 총체적으로 녹아든
프로그램이라고 할 수 있다.

여행까지는 아니라도 가고 싶은 곳에 맘 놓고 갈 수 있도록 시
니어의 이동을 돕는 개인 이동수단(Personal Mobility)도 속속
개발되고 있다.

　　일본은 단카이 세대의 은퇴가 본격적으로 시작된 2007년 무렵부터 시니어 대상의 관광정책을 정부가 주도해 지역문화 활성화 관광정책과 결합했다. 그 결과, 그린투어리즘, 시니어 관광루트 프로그램, 귀농 촉진 프로그램, 정주 촉진 프로그램 등이 만들어졌다. 여행과 평생교육을 함께 하는 클럽투어리즘, 트래블스터디 등도 이때 만들어졌다.

　　일본의 대표 여행사인 클럽투어리즘(www.club—t.com)에서 여행을 좋아하는 50~60대 남녀 400명을 대상으로 실시한 '여행과 시니어 라이프에 관한 의식조사'의 결과에 따르면, 시니어의 80.6%가 자신을 '나이보다 건강하다'라고 답했고 건강하게 하루하루를 보내는 비결로 여행(국내)을 1위(71.8%)로 뽑았다. 세금을 인상해도 소비를 줄이고 싶지 않은 것 1위(72.3%) 역시 여행이었다.

이러한 소비자들의 니즈를 파악한 일본 여행사들은 시니어를 위한 여행 상품을 속속 개발하고 있다. 철도회사인 JR동일본은 50세 이상 회원을 대상으로 한 어른 휴일클럽을 판매했는데 회원이 계속 늘어나 지금은 무려 200만 명에 달한다.

JR규슈는 7성급 호텔이라는 뉘앙스로 '7개 별'이라는 3박 4일 고급 열차투어 상품을 내놓았다. 가장 비싼 패키지가 100만 엔(1,000만 원) 정도로 고가인데도 응모자가 많아 추첨해야 할 정도로 인기가 많다.

장애가 있는 시니어도 편안한 맞춤형 여행 _____

시니어 여행 상품이라고 하면 '장애와 상관없이 누구나 쉽고 즐겁게'라는 전제조건을 지켜야 한다. 바로 유니버설 디자인 투어, 즉 배리어 프리 여행이어야 한다는 것이다.

클럽투어리즘이 1995년부터 판매하고 있는 '지팡이와 휠체어로 즐기는 여행'이 대표적인 배리어 프리 여행 상품이다. 리프트가 장착된 버스를 운행하고 배리어 프리 여행에 정통한 가이드와 도우미가 동행하기 때문에 지팡이는 물론이고 휠체어를 탄 시니어도 문제없이 여행할 수 있다. 도우미가 여행물품을 운반하고 식사와 목욕을 돕는 등의 편의를 제공하기 때문에 시니어, 장애인, 환자 등 그 누구라도 소외감을 느끼지 않으면서 여행할 수 있게 만든 것이다. 이 프로그램의 연간 이용자가 1만 명이 넘는다.

노인의 걷는 속도까지 3단계로 분류해 상품을 개발하는 클럽투어리즘은 단카이 세대가 후기 시니어가 되면 여행에 대한 니즈와 환경이 변화할 것에 대비해 2015년부터 유니버설 디자인센터라는 전문부서를 만들었다. 시니어가 여행할 때 느끼는 불편한 점을 연구하는 부서인데 '지팡이와 휠체어로 즐기는 여행' 외에도 70세 이상을 위한 '편안한 여행' 등의 상품을 개발했다.

70세부터 떠나는 여행 상품은 시니어의 체력을 고려해 일정을 여유 있게 짜고 동년배끼리 적은 인원으로 쾌적하게 즐기도록 설계했다. '어디에 갈까?'가 아닌 '어디에 누구와 가서 무엇을 할까?'의 관점에서 개발된 상품이다. 하루 평균 적게는 한 곳, 많게는 세 곳 정도 여행하기 때문에 일정이 비교적 여유롭다. 숙소에는 일찍 도착하기, 아침에는 느긋하게 출발하기, 식사는 맛있는 음식을 조금씩 하기, 장시간 걷지 않기, 버스 탑승인원은 제한하기, 1시간 반마다 휴식하기 등 세심한 배려가 돋보인다.

1인 여행객, 즉 혼행(혼자 떠나는 여행) 시니어를 위한 맞춤형 상품도 개발해서 판매 중이다. 일본 사람들은 남에게 폐 끼치는 것을 싫어하기 때문에 단체 여행을 할 때에도 자신의 불편함을 감수하는 경우가 많다. 다른 사람들과 걷는 속도를 맞춘다거나 정해진 시간 내에 식사해야 하는 일들이 그렇다. 일행들과 일정을 맞추거나 여행지에서 개별 일정을 조정하는 것이 번거롭다고 생각해 혼자서 여행을 즐기려는 액티브 시니어가 늘어나고 있다. 혼밥, 혼술문화에서 이어지는 혼행인 것이다.

상품 구성은 까다롭다면 까다롭고 세심하다면 세심하다고 할 수 있을 정도로 세분화되어 있다. 우선 친구나 가족과 여행하려는 사람은 신청이 불가능하다. 여행객끼리 버스 좌석이나 방을 정하는 것도 불가능하다. 고가 상품의 경우 버스 좌석도 1인 2석을 제공한다. 당일치기부터 해외여행까지, 일본 내 온천 여행부터 꽃놀이, 미술관 투어, 크루즈 여행까지 프로그램도 다양하다. 60대, 70대 등 연령대별 상품이 있으며 혼행의 맛을 살리기 위해 소규모로 인원을 제한한다. 당연히 전문 가이드가 동행하기 때문에 안전하다.

체력을 고려한 단계별 여행 프로그램

미국의 스미스소니언여행사(www.smithsonianjourneys.org)는 시니어의 액티비티 레벨을 설정해서 자신의 건강 상태에 맞는 상품을 선택할 수 있게 하는 시니어 전문 여행사다. 스미스소니언여행사의 여행 전문가가 설정한 액티비티 레벨은 크게 5단계로 나뉜다.

쉬운 단계인 레벨 1은 한 도시에만 머무는 여행이다. 박물관 방문, 시티 투어를 하면 오랜 시간 서 있거나 걷는 상황이 발생할 수 있다. 그런 것을 방지하기 위해 비교적 이동 거리가 짧고 대부분 평평한 지역에서 걷지만 때론 난간 없는 계단을 오르내리게 되기도 한다. 전반적으로 이동성이 좋고 하루에 최소 3시간의 활동에 편안하게 참여할 수 있는 시니어에게 적합하다.

적당한 단계인 레벨 2는 하루 종일 자동차를 타고 여행하는 다소

긴 일정이다. 시티 투어, 박물관 방문 등이 포함되며 야외 활동을 할 때에는 오랜 시간 서 있거나 걷게 된다. 때로는 자갈 계단, 난간 없는 계단, 엘리베이터 없는 계단, 높은 계단이 있는 기차에 오르는 등 험난한 지형을 만날 수도 있다. 장기간의 여행에 신체적으로 적합하고 편안한 시니어에게 적합하다.

레벨 3는 적당한 활동이 포함된 여행 상품인데 언덕이나 제한된 구역 등 힘든 일정이 옵션으로 포함되기도 한다. 장시간 동안 서서 걸어야 한다. 하이킹부터 야간 기차까지 다양한 교통수단을 이용하기도 하며 일부 일정은 이른 아침 출발, 늦은 저녁 도착이 될 수도 있다. 긴 육로 여행, 야생동물 사파리, 해양 유람, 국제 기차 여행, 미국 국립공원 투어 등의 상품이 대표적이다. 신체적으로 건강하고 활동적인 삶을 살며 오랜 기간의 활동에 편안하게 참여할 수 있고 약간의 육체적인 노력을 기대하는 시니어에게 적합하다.

레벨 4는 하이킹, 트레킹, 카약, 래프팅, 사이클 등 다소 힘든 신체 활동이 포함된 상품이다. 페루의 마추픽추 하이킹 관련 상품은 하루 8시간까지 움직이기도 한다. 야외에서 캠핑을 해야 하는 상품도 있지만 호화로운 숙박이 포함된 고가의 상품도 있다.

레벨 5에는 딱 하나의 상품만이 존재한다. 11일짜리 킬리만자로 등반인데 가격은 최저 7,000달러(770만 원)부터다. 하루 25킬로미터 이상을 움직여야 하는 매우 힘든 일정이다.

유럽의 경우 배리어 프리 여행을 넘어 '접근 가능한 관광(Accessible Tourism)'을 추구한다. 장애인뿐만 아니라 임산부, 영·유아, 시니어 등 모든 사람이 편리하게 접근할 수 있는 관광이다. 유엔 산하 세계 관광기구에서는 '모든 이에게 여행을'이라는 슬로건을 내걸고 돈 없는 사회적 약자도 자유롭게 여행할 수 있는 권리를 보장해야 한다고 역설한 바 있다.

2016년 우리나라 통계청이 조사한 65세 이상 시니어 통계에 따르면, 시니어들의 휴일 여가 활용 방법으로는 TV 시청이 가장 많았다(83.1%). 휴식이 51%였고, 관광 활동은 3.7%로 가장 적게 나타났다. 반면 앞으로 가장 하고 싶은 여가 활동으로는 '관광'이 가장 높았다(51.1%). 마음은 있지만 몸과 현실이 따라주지 못하는 것이다. 문화체육관광부의 조사에서도 60대 이상 4명 중 1명(26.1%)이 해외여행을 하지 못하는 이유로 '건강문제'를 꼽았다. 이는 50대(3.6%)보다 7배 이상 높은 수치였다.

이제는 돈과 시간에 비교적 여유가 있는 5060 액티브 시니어가 점점 많아지고 있기 때문에 시니어에 최적화된 여행 상품이 질적, 양적으로 개선만 된다면 시니어 여행 시장은 앞으로 더욱 확대될 것이다. 50대 이상 해외여행 출국자는 2011년 311만 명에서 2016년 575만 명으로 약 85% 증가했다. 또한 몸은 불편하지만 여행은 하고 싶은 시니어, 아픈 다리를 이끌고 기념품 가게를 돌아다니는 단체 여행이 내키지는 않지만 자유 여행은 자신 없는 시니어, 생을 마감하기 전에 자녀들과 함께 비행기를 타는 것이 소원이라고 말하는 시니어도 점점 많아지고 있다.

문제는 인프라와 인식의 변화다. 일본에는 심지어 인공호흡기를 달고도 원하는 여행을 끝마칠 수 있는 서비스 상품이 있고 인프라가 조성되어 있다. 배리어 프리 관광 추진기구 같은 조직에서는 간병 서비스가 가능한 모든 여행 프로그램을 취합하고 전국 관광지나 숙박 시설의 휠체어 사용에 따른 문제점 유무 등의 정보를 조사해 여행객들에게 실질적 도움을 주고 있다.

무료 전철을 타고 하루를 때우는 시니어가 많은 상황, 무릎만 조금 아파도 선뜻 떠날 수 있는 여행 상품이 없는 현실에 살고 있다. 하지만 시니어 소비자가 급격하게 늘어나고 있는 만큼 서비스의 질도 곧 개선될 것이다.

일본에서 시니어 여행 사업모델 중 가장 성공한 사례로 손꼽히는 클럽투어리즘은 1980년 긴키니혼 투어리스트 시부야보급소로 시작했다. 신문이나 전단지로 상품을 소개하고 전화로 주문받는 다이렉트 마케팅으로 시작했는데 2000년에 일반적인 관광 상품과 차별화된 '테마 여행'이라는 독자적인 상품을 내놓았다. 공통된 취미와 목적을 가진 고객들이 교류할 수 있는 '클럽'을 통해 친구 만들기와 생애 학습을 유도하는 콘셉트였다. 여행에 친구가 빠질 수 없다는 사실을 파악한 것이다.

1999년에는 2010년까지 1,000개의 클럽을 만들겠다는 '클럽 1,000 구상'을 발표했고, 2004년에는 긴키니혼 투어리스트에서 분리해 지금의 클럽투어리즘이 설립되었다. 클럽투어리즘은 시작부터 시니어를 대상으로 하는 차별화 전략을 택했다. 여행에 관심 많고 활동적인 액티브 시니어들에게 교류의 장을 만들어주면서 가치 있는 경험을 제공하는 데 목적이 있었다. 여행하기 전에 예비 지식을 공부하고 여행이 끝나고 나면 여행객끼리 커뮤니티를 만들어 운영한다. 다른 여행사들도 높은 소비 욕구를 가진 시니어를 타깃으로 여행 상품을 제공하지만 클럽투어리즘이 다른 여행사보다 인기 있는 이유는 이러한 차별화된 서비스 때문이다. 상품의 기획력과 관련 서비스가 남달랐다. 고객 지향, 사회적 가치 창조, 사회 공헌, 타업종과 교류, 고객 직접 참여 등 차별화된 비즈니스 모델을 갖고 있었던 것이다.

전통적으로 일본 여행사의 가장 큰 수익원은 법인 영업을 중심으로 한 단체 여행 상품 판매였다. 하지만 클럽투어리즘은 업계의 상식에서 벗어나 개인을 대상으로 매체(정보지, 신문 광고 등)를 통해 여행 상품을 판매했다. 회원의 요구를 정확하게 파악하고 고객 커뮤니티를 만들어가는 영업방식을 구축했다.

클럽투어리즘의 사업모델은 크게 양판(量販)형과 커뮤니티형으로 구분할 수 있다. 양판형은 모든 회원을 대상으로 하는 방식인데 회원 수가 대도시를 중심으로 300만 세대이며 약 70%가 50세 이상이다. 회원 중에서도 소비 의욕이 높은 50만 명을 대상으로 여행 종합 정보지 〈여행친구(旅の友)〉를 활용한 프로모션을 진행한다. 여행사의 중심 고객이자 다방면에 흥미를 갖고 있으며 여가와 여행에 돈을 쓸 여유가 있는 시니어들이다. 그리고 주변에 좋은 입소문을 내준다.

커뮤니티형은 취미 등 성향이 비슷한 사람을 모아서 여행 상품을 제공하고 여행 중에 친목과 유대를 쌓도록 하는 방식이다. 상호 교류할 수 있는 '클럽'을 만들어 친목을 도모하고 커뮤니티를 형성하게 해 좋은 반응을 얻고 있다. 거꾸로 고객을 흥미와 목적에 따라 세분화하여 그에 맞는 여행계획을 제안하기도 한다. 회사 소식지를 통해 알리기 때문에 절대적인 지지를 받고 있다.

커뮤니티형의 여행 상품에는 테마와 목적이 분명하다. 등산, 하이킹, 음악 감상, 역사 공부, 사진 촬영, 댄스, 축제, 배리어 프리, 견학 등 명확한 여행 테마가 있다. 이 테마들을 다시 수준과 니즈에 따라 세분화하여 여행을 구성한다. 예를 들어, 등산이나 하이킹의 경우 건강을 위한 가벼운 워킹에서 힘든 등산 체험까지 폭넓게 제공하고 있다.

클럽투어리즘의 상품 중에서 '드림 페스티벌 인 하와이'라는 하와이언식 결혼 재서약식(Vow Renewal)도 인기를 끌고 있다. 오랜 시간 함께 한 시니어 부부 중에는 앞으로 동반 여행이 어려울 것 같다고 생각하는 사람이 많다. 이들이 하와이 해변에서 친구들의 축복 속에 혼인 재서약식 이벤트를 개최하는 리마인드 웨딩 프로그램이 인기다.

클럽투어리즘의 시니어 참여형 여행 상품 _____

이처럼 클럽투어리즘은 독특한 시니어 상품을 개발하는 것으로 유명하다. 그 중에서 시니어가 직접 여행 상품의 스태프로 참여하거나 관련 업무를 수행하는 프로그램도 운영 중이다. 건강이 허락하는 한 사회 공헌 활동을 더 하고 싶고 자신의 능력을 사회를 위해 쓰고 싶어 하는 액티브 시니어들이 그 대상이다.

에코 스태프(Eco Staff) 회사의 무료 여행 정보지인 〈여행친구〉를 회원들에게 배부하는 일을 한다. 회사와 고객을 연결하고 지역주민과의 커뮤니케이션을 이끄는 역할을 하는데 1993년 54명으로 시작해 현재 8,000여 명에 이른다. '에코상'이라고 부른다. 회사 입장에서는 배송 서비스를 이용하는 것보다 비용이 적게 들기 때문에 이점이 있고 시니어 입장에서는 배부하는 부수에 따라 수고비를 받을 수 있기 때문에 서로 윈윈이다. 정년퇴직한 시니어가 많이 활동하는데 보통 건강을 챙기기 위한 사회 활동과 친구 만들기에 관심이 많기 때문에 매우 효과적인 세컨드 라이프라고 할 수 있다. 더나아가 수고비를 모아 동료들과 함께 회사 여행 상품을 이용하는 고객이 되기도 한다. 소속감을 갖게 된 회사의 상품을 이용하는 '선순환 소비자'가 되는 것이다. 서비스를 제공받기만 하던 '고객'의 입장에서 직접 사업에 참여해 서비스를 제공하는 '당사자'가 되어 사회 활동의 기회를 갖는다는 의미도 있다. 이러한 소비형태는 향후 시니어 소비를 촉진시키는 중요한 모델 중 하나가 될 것이다.

펠로 프렌들리 스태프(Fellow Friendly Staff) 회원들이 직접 투어 디렉터, 즉 가이드가 된다. 고객과의 대화를 전담하는 직원이라고 볼수도 있다. 1996년부터 실시하고 있는데 교육과 현장 연수를 이수한 뒤, 공식 자격인 '여정 관리 자격'에 합격해야 한다. 가이드 경험이 없어도 상관없지만 모의 버스 운행, 강의 수강 및 시험, 동승 연수 등은 받아야 한다. 700여 명이 활동 중인데 주로 40세 이상이며 여행이라는 취미와 일을 병행하고 여가 시간을 이용해 커뮤니티 활동도 하고 싶은 사람들이 대부분이다. 주로 국내 당일이나 1박 2일 투어를 중심으로 참가하고 있다. 특별히 외국어가 가능한 회원은 해외여행 상품에도 동참할 수 있다.

회원들끼리는 화제와 가치관을 공유할 수 있고 서로 친구가 되기 쉽다. 여행객들도 동년배 가이드라면 쉽게 마음을 연다. 이렇게 고객들과 쉽게 대화할 수 있기 때문에 회사에서 미처 생각하지 못한 고객들의 불편사항을 파악해낼 수 있다. 여행이 끝나면 담당자에게 리포트를 제출해 고객을 통해 알게 된 문제점을 공유하고 개선하고 있다.

트래블 서포터(Travel Supporter) 클럽투어리즘은 1998년부터 여행이 불편한 사람을 도와주는 트래블 서포터제도를 도입했다. 서포터들은 도움을 요청하는 고객이 있을 때 여행을 함께 가는데 홈 헬퍼 2급 이상의 복지 자격을 갖고 있어야 한다. 일반 가이드와 달리 서포터도 여행 참가자 중 한 명이 된다. 도움을 받는 사람이 요금의 일부를 부담하지만 전액을 지불하면 부담이 커지고 함께 여행을 즐기기에는 어렵기 때문에 본인도 일부를 부담하는 식이다. 서포터는 여행을 저렴하게 갈 수 있는 혜택을 얻는 것이다.

슈카츠 투어(終活 Tour) 즐겁고 유쾌한 여행만 기획한 것은 아니다.

2장에서 언급한 슈카츠 관련 여행을 2014년부터 개발해서 운영하고 있다. 시니어들이 공원묘지나 산골을 여행하면서 죽음과 장례 등을 생각하는 '인생 마지막 여행' 콘셉트의 프로그램으로 3년 동안 100회 정도 운영되었다. 자신의 시신을 처리할 화장장이나 묘지를 견학하는 슈카츠 버스 투어 프로그램으로 외곽에 있는 공원묘지를 견학하고 산이나 바닷가에 유골을 뿌리는 산골(散骨) 체험을 하게 된다. 일종의 관광 상품으로 운영되고 있는데 온천 패키지 같은 경우는 당일 코스 기준으로 1인당 1만 엔(10만 원) 정도다.

이러한 마지막 여행에서 시니어들은 무덤 친구라 불리는 하카토모(墓友)를 사귀기도 한다. 슈카츠 투어 이후 자주 만나면서 공통의 관심사에 대한 얘기를 나누다가 사망한 뒤 같은 곳에 같은 방식으로 묻힌다는 공감대 때문에 친구가 되는 것이다. 클럽투어리즘 외에도 슈카츠 투어를 전문으로 진행하는 여행사가 많다.

* * *

클럽투어리즘의 비즈니스 영역은 계속 확장 중이다. 2003년에 개호 사업을 시작해 자회사로 클럽투어리즘 라이프 케어 서비스를 도쿄에 설립했고 데이케어 서비스센터인 진심클럽을 7곳이나 운영하고 있다. 여행지에 온 기분을 느낄 수 있는 요양 시설을 만드는 것이 목표다.

2007년부터 클럽투어리즘카페도 운영하고 있다. 지역 밀착형 커뮤니케이션 공간인데 취미 강좌나 모임 등의 이벤트가 자주 열리며 여행 상품 상담도 진행한다. 시간과 경제적 여유가 있는 시니어들에게 새로운 만남과 자극을 제공하고 고객 간의 커뮤니케이션을 활성화시켜서 각광받고 있다.

2015년부터는 가사 대행 서비스 사업체인 굿 또라꾸를 설립했는데 장보기나 청소 등의 생활 지원과 안부 확인 서비스를 하고 있다. 여기에도 클럽투어리즘의 회원이 자원봉사나 아르바이트로 참여하고 있다. 최근에는 치매 예방 관련 여행의 효과에 대해 도호쿠대학교 가령의학연구소와 공동 연구도 시작했다. 이 연구소의 카와시마 류타 교수는 닌텐도 3DS의 '뇌를 단련하는 5분 트레이닝' 소프트웨어 감수를 맡은 것으로 유명하다.

길 위에서 인생을 배우다

동서양을 막론하고 요즘 시니어들은 깃발 뒤를 우르르 따라다니는 단체관광을 좋아하지 않는다. 단순히 쉬거나 낯선 문물을 보기 위해 떠나는 여행도 지양한다. 특히 일본 시니어들의 경우 과거 경제 활황기에 전 세계를 휘젓고 다녔기 때문에 파리 에펠탑 밑에서 사진을 찍을 일도 없다.

요즘 시니어 여행의 대표적인 트렌드는 '교육 여행'이다. 제2의 창업을 위한 아이템을 찾는 여행이기도 하고, 지적 욕구를 충족시키기 위해 테마 여행을 가기도 한다. 배우고 체험하는 참여형 여행에 이르기까지 뭔가를 배워서 남는 여행이기를 원한다. 게다가 일본에서는 생애 학습이 주목을 받으면서 늦깎이 해외 유학을 떠나는 시니어가 늘어나고 있다.

여행과 배움에는 나이가 없다 _____

시니어의 해외 유학은 자식들까지 독립시켜 시간적 여유가 있는 액티브 시니어들 위주로 퍼져 나가고 있다. 젊을 때 동경했던 외국 생활과 어학 공부 외에도 느긋한 관광, 새로운 문화와 친구, 창업 아이템 찾기 등 여러 마리의 토끼를 잡을 수 있어 인기가 많다.

시니어 해외 유학에도 종류가 있다. 먼저 취미로 새로운 일을 시작하고 싶은 사람들은 실습 유학을 떠난다. 요리, 스포츠, 홍차 등 관심 있던 분야를 배우고 도전하는 유학이다. 자원봉사 유학은 기존의 지식과 경험을 살려서 사회에 공헌하고 싶은 사람들이 선택한다. 도움이 필요한 곳을 찾아가 자원봉사를 하면서 보람을 느낄 수 있다. 자유 유학은 공부보다 여행에 가까운데 평소 동경하던 나라에서 자유롭게 생활해보기를 원하는 사람들이 선호한다. 영국, 몰타, 하와이, 뉴질랜드, 이탈리아, 타이완 순으로 인기가 좋다. 영어권과 관광지라는 공통 분모가 있는 곳부터 유적지가 많은 곳, 동남아시아 순이다.

일본은 2020년 도쿄올림픽을 계기로 해외 유학의 로망을 실현하려는 시니어가 늘고 있다. 최근 시니어 맞춤형 여행의 대표적 트렌드가 교육 여행인데 한발 더 나아가 공부 여행 같은 프로그램도 개발되고 있는 것이다. 해외 체험을 중시하는 '해외 롱 바캉스', 다양한 세대와 어울려 외국어 및 문화를 배우는 '어학+알파 코스', 강사의 집에서 '홈스테이'하는 프로그램 등이 있다.

유학은 여행과 달리 수업, 체류, 교통, 의료, 금융문제 등 여러 가지 요소가 복합적이기 때문에 컨설팅 노하우가 필요하다. 특히 시니어는 유학 기간 동안 건강에 대한 불안이 크기 때문에 JTB처럼 큰 회사의 상품을 선호하기 마련이다. 1912년에 설립된 일본 최대 여행사인 JTB(www.jtb.co.jp)는 해외에서 공부하고 싶어 하는 시니어들의 니즈를 반영해 '어른의 유학'이라는 프로그램을 만들었다. 외국에서의 만학을 꿈꾸는 시니어들을 위해 어학 연수, 홈스테이, 기숙사, 체재방법 등을 세트로 제공하고 있다. 2015년부터는 본격적으로 50플러스 시니어(50세 이상 시니어)의 다양한 유학 니즈에 대응하고 있다. 2016년 유학 서비스 참가자를 살펴보면, 여성 혼자가 52.3%로 남성 혼자 16%, 부부 10.6%보다 압도적으로 많았다. 해외에서 롱 스테이(Long Stay)하는 로망을 남성보다 여성이 더 많이 품고 있었기 때문일까? 연령은 60대가 62.7%로 가장 많았으며 60대 이상이 약 70%였다. 유학 국가는 영국이 23.4%로 가장 많았고 체류 기간은 16~31일이 53.3%였다. 한편 같은 연령대와 유학하고 싶다는 시니어보다 이왕이면 젊은이들과 함께 공부하고 싶어 하는 시니어가 더 많았다. 시니어를 대상으로 하는 외국어 학교도 있지만 젊은 세대에게 자극받으면서 공부할 수 있는 환경을 선호하는 사람이 많았던 것이다.

2016년 유학 서비스 이용자는 2,500명으로 매출 15억 엔(150억 원)을 올렸다. 유학 비용은 지역과 기간에 따라 다르지만 1인당 평균 약 60만 엔(약 600만 원)이다. 시니어 유학이 전체 20%를 차지하는데 1개월에 70~75만 엔(700~750만 원)인 경우가 많았다. 최근에는 엄마와 자식이 함께 가거나 조부모와 손주가 함께 가는 경우가 늘어나고 있다. 최근 2~3년간 JTB를 이용한 50세 이상 해외 유학자가 매년 20~30%씩 증가하고 있다.

여행과 교육을 동시에 하다 _____

앞에서 말한 것처럼 최근 시니어 여행의 트렌드는 '교육 여행'이다. 이에 대해 말할 때 평생 교육과 여행이라는 두 마리 토끼를 잡는 미국의 엘더호스텔(Elder Hostel)과 로드스칼라(Road Scholar)를 빼놓을 수 없다.

엘더호스텔은 1970년대 초반, 뉴햄프셔대학의 유스호스텔 프로그램에서 일하던 마티 놀턴과 데이비드 비안코에 의해 설립되었다. 4년 동안 유럽 배낭여행을 마치고 돌아온 마티 놀턴은 이 대학의 주거 생활 관리책임자이자 오랜 친구인 데이비드 비안코에게 유럽의 유스호스텔과 스칸디나비아 전통에 대해 얘기하다가 '미국인은 여행하고 배울 수 있는 기회가 더 많지 않은가? 그런데 왜 활동적으로 지내고 은퇴하는 데 더 많은 선택권을 갖지 않는가?'를 두고 고민하기 시작했다. 두 친구는 여름에 학생들이 사용하지 않는 기숙사를 60세 이상의 시니어들에게 내주고 공부할 수 있는 기회를 제공하는 것에 대한 아이디어를 떠올렸다. 유스호스텔 간판 밑에 앉아 있는 흰 수염의 마티 놀턴을 보던 데이비드 비안코가 유스호스텔의 반대말로 엘더호스텔을 생각해냈다.

시니어들을 대상으로 흥미로운 주제에 대한 지적 호기심을 충족시키고 유스호스텔의 모험정신을 바탕으로 현장 탐사를 벌이며 다양한 사교 활동 프로그램을 제공하자는 것이 창립 의도였다. 초기에는 어렵지 않은 수업과 저렴한 시니어 숙박을 결합한 학습 프로그램으로 시작했다. 1~3주 프로그램에 220여 명의 시니어가 참여했으며 입소문이 나면서 1980년까지 2만 명 이상의 시니어가 50개 주와 캐나다 대부분에서 이 학습 프로그램을 수강했다. 1981년에 국제적인 프로그램을 영국과 스칸디나비아 반도에 소개했으며 전 세계 교육기관과 제휴를 맺기 시작했다. 그렇게 2010년까지 400만 명 이상의 시니어가 엘더호스텔의 프로그램을 수강했다.

2010년부터 로드스칼라(www.roadscholar.org)로 이름을 바꿨다. '길 위의 학자'라는 뜻이다. '평생 교육으로의 모험(Adventures in Lifelong learning)'이라는 슬로건답게 여행을 통해 평생 교육을 실천하도록 지원하는 국제비영리단체로 자리 잡았다.

로드스칼라는 지역의 연구기관과 대학 등 관련 단체의 지원으로 운영되고 있는데 대학과 정부가 보조하고 참가자들은 최소한의 수업료로 일정 기간 동안 대학 캠퍼스에 머물면서 고등 교육과정을 이수하는 방식이다. 전 세계 대학, 박물관 등과 파트너십을 맺고 수천 개의 프로그램을 운영하면서 매년 수십만 명의 평생 학습을 지원하는, 세계에서 가장 규모가 큰 노인 평생 교육기관이 되었다.

시니어 세대가 의외로 지적 호기심이 많다는 것에 주목해 매우 다양하고 흥미로운 여행 프로그램도 개발하고 있다. 큰 주제는 새로운 것 배우기, 흥미로운 곳 탐험하기, 새로운 사람 만나기 등이며 이와 연관된 세부 프로그램이 있다. 박물관 탐방이나 원하는 나라에 가서 어학연수를 하는 교육 프로그램도 있고 자전거나 트레킹 여행 등 가벼운 활동부터 남극대륙, 사막을 횡단하는 특별한 모험 여행도 가능하다. 그 밖에 전 세계 강과 바다를 탐험하는 선상 모험, 셀프 도시 여행, 손주와 함께 떠나는 조부모 여행, 나눔을 실천하는 봉사학습도 주요 프로그램이다.

미국을 포함해 전 세계 150개국에서 개최되며 지역과 관심사, 건강 상태, 비용에 따라 원하는 프로그램을 선택만 하면 된다. 스미스소니언여행사처럼 참여자의 액티브 단계를 5단계로 나눠 공지하고 있기 때문에 부담 없이 도전할 수 있다.

이동의 제한을 없애다

"여행까지는 바라지도 않는다. 가고 싶은 곳에 맘 놓고 갔으면 좋겠다."

시니어에게 '이동'이란 매우 중요한 삶의 요소다. 가고 싶은 곳을 갈 수 없을 때, 가는 길이 멀고 험해서 포기해야 할 때 사람은 소외감을 느끼면서 마음의 나이를 한 살 더 먹게 된다.

앞에서 존엄사를 언급할 때 예로 들었던 데이비드 구달은 "84세 당시 운전면허증을 잃었을 때 차라리 죽고 싶었다"라고 회상했다. 거동이 불편하게 된 것이 인생에서 중요한 전환점이 되었다는 말이다. 이처럼 시니어에게 일상에서의 이동이란 단지 몸을 물리적으로 목적지에 옮기는 의미 이상의 것이다. 외부와 접촉해 직접적인 커뮤니케이션을 실현하는 데도 필요하다. 사회의 일원으로 사회 활동에 참가하고 자립적인 생활을 영위하기 위해 매우 중요한 행동이며 그것이 바로 삶의 질이다.

짧은 시간에 단거리를 보행할 수 있는 시니어가 좀 더 오랫동안 멀리까지 혼자서 이동할 수 있다면 건강한 신체 기능을 유지할 수 있으며, 자동차나 휠체어에 의존하지 않고 외부와 관계를 유지한다면 치매 및 우울증 예방에도 도움이 된다.

일본 후생노동성에 따르면 이동에 제한을 받고 있는 사람이 시니어 중에서는 10분의 1이며, 75세 이상 시니어의 과반수가 500미터 이상 보행하는 데 불편을 느낀다고 한다. 갑자기 찾아오는 치매나 쇼크에 대비해 자의 반, 타의 반으로 운전면허증을 반납하고 있으므로 이에 대한 대응 및 적절한 이동수단의 제공이 필요하다. 시니어의 경우 운동 기능과 함께 감지 기능도 저하하면서 사고를 일으키거나 사고에 연계되는 사례가 많다. 도발적인 상황에 대응하지 못하면 균형을 잃고 낙상하거나 교통사고를 일으킬 수 있는 것이다.

우리나라도 마찬가지다. 보험개발원의 '연령대별 사고 현황' 자료에 따르면 70세 이상 운전자가 낸 교통사고가 2006년 7,000건에서 2016년 2만 9,000건으로 10년 새 4배 이상 증가한 것으로 나타났다.

개인 이동수단의 진화와 확산 _____

몸이 불편한 시니어들을 위해 개인 이동수단(Personal Mobility)이 속속 개발되고 있다. 일반적인 5인승 자동차 시장은 이미 포화 상태이기 때문에 자동차회사에서도 이 특화된 시장에 주목하고 있다. 개인 이동수단이란, 전동 휠체어, 전동 이륜차, 기립 이동 지원 로봇, 소형 전동 콘셉트 카 등 1~2인승 초소형 이동수단을 말한다. 기술이 집약된 새로운 개념의 탈 것이며 기본적으로 석탄연료를 사용하지 않는 저속 이동수단인 경우가 많다. 따라서 에너지 소비를 억제하고 환경 부담을 줄인다는 장점이 있다. 또한 자동차의 범주를 벗어나면서 기존의 탈 것보다 소형이기 때문에 효율적인 공간 이용이 가능하다.

일본 국토교통성은 개인 이동수단에 관한 가이드라인에서 '초소형 모빌리티'라고 명명했으며 인간과 환경에 친화적인 교통수단이기 때문에 '환경 대응 자동차를 활용한 마을 만들기 사업'의 일환으로 개발해 도입한다고 발표했다.

개인 이동수단은 시니어와 장애인에게 편리한 이동수단일 뿐만 아니라 기존 교통수단과 결합하면 자동차에 의존하지 않는 마을을 만들 수 있기 때문에 교통, 환경, 고령화 등의 도시문제를 한 번에 해결하는 데 기여할 것으로 기대된다. 또한 시니어들이 손쉽게 외출할 수 있게 해주므로 외부에 더 자주 나가게 되고, 그 결과 지역 경제 활성화에도 기여하게 만든다. 그래서 일본 지자체마다 보급에 힘쓰고 있다. 개인 이동수단의 종류로는 이동 지원 로봇, 전동 휠체어, 초소형 전기 자동차 등이 있다.

이동 지원 로봇의 종류

세그웨이 이동 지원 로봇의 대표주자인 세그웨이(Segway)는 액셀과 브레이크를 조작하지 않고 일어선 채로 몸의 중심 이동만으로 움직임을 제어하는 이동수단이다. 2011년 미국에서 발매되었으며 일본에서는 관광지 등에서 탈 수 있다.

윙렛 토요타자동차가 만든 윙렛(Winglet)은 2개의 차바퀴와 바(Bar)형태의 핸들로 구성되어 있고 서서 탄다. 고령자 이동 지원을 위한 실험을 통해 근거리 이동수단으로 개발되었다.

유니캡 혼다자동차가 만든 유니캡(UNI—CAB)은 움직이는 의자형태의 전동 1륜차로써 센서로 체중 이동을 감지한다. 앞으로 숙이면 전진하고 옆으로 숙이면 방향이 전환된다. 최고 속도는 6킬로미터인데 속보 정도로 보면 된다. 휴먼노이드 로봇 아시모(ASIMO)의 균형 기술을 사용해 쓰러지는 것을 예방할 수 있으며 10분만 연습하면 탈 수 있다.

전동 휠체어의 종류

전동 휠체어는 시니어 카로도 불리는데 고령자가 혼자서 운전할 수 있는 형태를 갖추고 있다. 안전성이 높은 4륜차부터 경량의 3륜차까지 100종류 이상의 제품이 판매되고 있다. 복지용품으로 취급되어 개호보험이 적용되며 소비세도 면제된다.

물건을 사러 시장을 갈 때나 간단하게 외출할 때 사용되며 보행

도로만 주행할 수 있고 운전면허는 필요 없다. 보통 장바구니가 앞에 달려있다. 장바구니가 달린 자전거를 타고 동네에서 장을 보던 일상이 몸에 익숙한 시니어들이 선호한다.

시니어 카(Senior Car) 원래 시니어 카는 스즈키자동차의 제품 명칭이었다. 고령자들에게 게이트볼이 유행하면서 코트까지 이동하는 수단으로 개발한 것이 그 시작이었다. 현재 스즈키자동차에서는 '세니어 카'라는 이름으로 판매하고 있다.

시니어 카의 공식적인 명칭은 핸들형 전동 휠체어(일본공업규격)이며 원동기를 이용한 신체 장애자용 휠체어로 인정받아 도로교통법을 적용받는다.

몬팔ML200 50~60대 소비자의 의견을 청취해 스마트 패키지 콘셉트를 적용했다. '안심', '쾌적', '멋'을 키워드로 액티브 시니어층을 겨냥했다.

모델 씨 미국 회사인 휠은 2014년에 '모델 에이(Model A)'를 발매해 일본과 미국에서 약 1,000대를 판매했다. 그리고 2017년 오사카 배리어 프리전에서 '모델 씨(Model C)'를 발표했다. 디자인과 주행 성능 면에서 호평받은 '모델 에이'를 업그레이드한 제품이다.

경사로에서 안전하게 이동할 수 있고 공구 없이 본체를 3개로 분리해 수납할 수 있으며 엘리베이터 등 좁은 공간에서 회전이 가능하고 탈착할 수 있는 경량 배터리가 장점이다. 가격도 45만 엔(450만 원)으로 현실화했다. 한편 파나소닉과 공동으로 자동 운전 휠체어를 세계 최초로 개발하고 있다.

초소형 전기 자동차의 종류 _____

초소형 전기 자동차는 1~2인승이며 집에서 가정용 콘센트로 충전할 수 있는 제품이다. 보통 운전석이나 보조석에 문이 없는 형태가 많다.

콤스 토요타자동차가 개발한 1인승 전기 자동차인 콤스(COMS)는 집에서 충전할 수 있다. 물론 이산화탄소, 대기 오염 관련해서는 제로(0)이다. 세븐일레븐 등에서 배달용으로 활용하고 있으며 2인승 티콤(T—COM)도 발매된다.

아이로드(i-ROAD) 토요타자동차가 만드는 3륜 전기 자동차로 2013년 제네바모터쇼에서 공개됐다. 2014년 도쿄 등 일본 수도권에서 모니터 조사를 실시하고 토요타 시에서 실험을 실시했다. 2017년에는 제네바모터쇼에서 도시 생활자의 니즈에 부합하는 4륜인 아이트릴(I—TRIL)이 공개되었다.

뉴모빌리티컨셉, 트위지 닛산과 르노가 공동 개발했는데 르노는 트위지(TWIZY), 닛산은 뉴모빌리티컨셉(New Mobility Concept)이라는 이름으로 판매했다. 근거리 2인승 소형 모빌리티이며 닛산은 실험 중에 있고 르노는 2016년에 약 2만 대를 판매했다.

엠씨베타 혼다자동차가 개발한 엠씨베타(MC—β)는 저탄소사회 실현을 위해 경차보다 콤팩트한 2인승 초소형 전기 자동차다. 2013년부터 쿠마모토현에서 실험을 시작해 2016년에 완료했다.

복지 차량의 종류

일본의 자동차회사들은 앞에서 말한 개인 이동수단 외에도 복지 차량이라고 해서 기존 승합차를 개조한 차량을 생산하고 있다. 리프트가 장착되어 있거나 트렁크에 쉽게 휠체어를 수납할 수 있거나 좌석이 회전하는 형태 등이다.

대형 밴의 경우 뒷문 안쪽에 휠체어를 타고 승차할 수 있는 리프트가 장착되어 있고, 중소형 밴의 경우 휠체어를 이용하는 고령자나 장애인과 가족이 함께 사용할 수 있도록 설계되었다. 소형 밴은 차고가 높은 경차를 복지 차량으로 쓸 수 있도록 고안되었다.

특히 토요타자동차는 복지 차량 전용라인을 갖고 있다. 도쿄 국제 복지기기전이나 오사카 배리어 프리전에 경차에서 세단, 밴에 이르기까지 이용 목적과 니즈에 맞게 개발된 복지 차량을 출품해 전시하고 있다. 복지 차량 51개 모델을 풀 라인업으로 보유하고 있다. 토요타자동차에서는 복지 차량을 웰캡(Welcab)이라고 부른다. 'Welfare(복지), Well(건강), Welcome(환영)'에 'Cabin(객실)'을 합친 단어다. 고객의 행복한 생활 유지에 조금이라도 도움이 되길 바란다는 뜻이며 신체가 불편한 사람뿐만 아니라 다리가 약해 승·하차가 힘든 고령자와 간병인들의 부담을 줄이기 위해 개발에 총력을 기울이고 있다. 그 특징을 간추리면 다음과 같다.

① 타고 내리기 쉬운 차
② 휠체어에서 차량 시트로 편하게 타고 내릴 수 있는 차

③ 휠체어에 탄 채로 승차할 수 있는 차

④ 스스로 운전해서 외출할 수 있는 차

⑤ 복지 시설 및 병원의 송영에 이용하는 차

⑥ 법인용 택시 전용차

패션 및 유통

과거에는 나이가 들면 패션에 대한 관심을 꺼버렸다. 하지만 요즘은 과감하고 적극적으로 자신을 표현한다. 인생 마지막 옷, 마지막 화장이 될 것이라고 생각하기 때문에 가격도 중요한 요소가 되지 않는다.

이러한 변화에 맞춰 시니어와 패션을 연결해주는 회사들의 시도가 눈에 띄게 늘고 있다. 유통 산업에서도 시니어를 고려한 시프트가 두드러지게 일어나고 있다. 백화점, 쇼핑몰, 편의점의 변화는 혁신적이며 다루는 시니어 용품도 날로 진화하고 있다.

허리가 굽어서 마땅히 입을 옷이 없다? _____

소득과 시간적 여유가 있는 단카이 세대를 중심으로 나이 드는 것을 긍정적으로 생각하는 공감대가 형성되면서 시니어를 타깃으로 한 패션 산업도 활성화되고 있다. 시니어 브랜드가 속속 등장하면서 시니어 패션쇼는 흔해졌고 시니어 모델을 주연급으로 채용하는 광고도 늘고 있다. 이런 경향은 이미 수년 전부터 유럽에서 시작되었다.

미국의 할머니 패션 블로거인 아리 세스 코헨이 60세 이상 멋쟁이 뉴욕 여성들만 찍은 사진집《어드밴스드 스타일(Advanced Style)》이 일본에서 출시되어 인기를 끌었으며 〈은발의 패셔니스타〉(2014)라는 제목의 다큐멘터리 영화로도 선보였다. 패션과 관계없는 일을 하던 일본의 20대 작가도 주말마다 긴자 등에서 60대 이상

멋쟁이들을 촬영해 블로그에 소개하다가 《오버 60 스트리트 스냅(Over 60 Street Snap)》이란 제목의 사진집으로 출판했다.

동서양을 막론하고 시니어 패션에 대한 인식이 예전과 확연히 달라졌다. 이제는 과거처럼 아무 옷이나 입지 않는다. 요즘 시니어들은 점잖은 색깔이나 소박한 디자인보다는 화려하고 멋진 옷을 선호한다. 그런데 그런 옷이 체형에 맞지 않아 문제가 발생한다. 나이가 들면 근육량이 줄고 관절부분의 기능이 저하된다. 또한 뼈의 콜라겐이나 칼슘 성분 등이 빠져나가면서 골밀도가 낮아진다. 이로 인해 시니어 여성들에게서 골다공증이 많이 발생하고 심해지면 허리가 굽어진다. 허리가 굽으면 아무리 예쁜 블라우스라도 예쁘게 보일 리가 만무하다.

타케이시 레이코가 설립한 마담토모코(http://madametomocco.jp/Owner)는 나이가 들어 변화한 체형에 상관없이 시니어가 편하고 멋지게 입을 수 있는 부인복을 제조하는 회사다. 발상의 전환이었다. 옷 뒤쪽에 길어지게 주름을 넣어 표시가 안 나게 하고 슬림한 디자인으로 부족한 맵시를 보완한다. 관련 특허 기술로 패션과 기능 모두를 만족시키는 브랜드로 정평이 나 있다.

타케이시 레이코는 어느 날 어머니가 당시 88세인 할머니를 위해 옷을 수선하는 모습을 보게 됐다. 골다공증 때문에 등과 허리가 맞지 않게 된 헌 옷이 여러 번의 시행착오 끝에 새롭게 변신하는 것을 보고 감동받은 것이 창업의 계기가 됐다. 등이 굽은 탓에 옷 뒤쪽은 위로 올라가고 앞쪽은 길게 내려오는 것을 보고 앞면과 뒷면의 길이를 조정한 것이 어찌 보면 콜럼버스의 계란이었다. '나이가 들면서 젊었을 때와 같은 스타일을 유지할 수는 없겠지만 매일 멋진 옷을 입고 싶은 것이 여성의 마음이 아닐까? 옷 때문에 고민하는 사람이 많을 테니 멋진 옷을 만들어주는 아이템이 사업이 되지 않을까? 나이를 먹으면 등이 굽게 되므로 뒤쪽이 길어지도록 주름을 넣고 표시가 나지 않도록 평균 8센티미터를 늘려 주름으로 조정하면 어떨까?'에 대한 답을 찾은 결과는 대히트였다.

또한 할머니멋쟁이연구소를 세우고 어머니를 전속 모델 겸 디자이너 부사장으로 채용했다. 어머니가 할머니를 위해 디자인한 '등이 굽은 사람의 상의', '허리가 휜 사람의 바지'는 특허출원했다. 처음에는 틈새 시장이라서 불안했으나 상공회의소의 여성 기업가 대상 창업상, 발명협회 장려상 등 수상을 통해 받은 상금으로 백화점 판매용 상품을 만들었는데 이것이 완판되면서 사업성을 확신했다. 처음에는 투피스를 만들었지만 커트 앤드 소운(Cut and Sewn), 블라우스, 재킷, 코트 등으로 아이템을 늘려나갔다. 특히 바지가 인기 상품이었다. 신축성이 좋아 앞으로 구부려도 부드럽고 움직이기 쉬우며 입기 편한 옷으로 소문이 났다.

판매 통로는 카탈로그 판매가 70%, 인터넷 판매가 15% 정도다. 연 4회 카탈로그를 만들어 전국에 2만 부 정도 배포하는데 한 번 입어본 고객들이 '마담토모코 옷 덕분에 외출할 수 있게 되었다'라는 반응을 보이면서 재주문하는 사례가 늘어났다. 고급 주택가인 세다가야 사쿠라신마치에 마담토모코살롱도 열었다. 시니어의 직접 구매보다 어머니를 위한 자녀의 효도 선물로 더 많이 팔렸다.

이처럼 시니어 패션의 첫 번째 중요 포인트는 '시니어의 불편함을 해소시켜주는 패션', '시니어의 마음을 읽은 아이템'이어야 한다는 것이다. 두 번째 포인트는 '젊은 감각이 돋보이는 패션', '피부에 닿을 때 느낌이 좋은 소재'다. 입으로는 아니라고 해도 시니어들은 또래보다 자신이 훨씬 젊다고 생각하기 때문이다. 마담토모코 역시 다른 의류 브랜드처럼 백화점에 납품을 했었다. 하지만 개호용품 판매장에서 성인용 기저귀와 함께 진열되면서 멋쟁이 옷이라는 이미지가 사라지고 말았다. 시니어지만 시니어 취급을 받고 싶지 않은 시니어 미시즈(Mrs)의 기분을 배려하지 못한 것이다. 이러한 마케팅 실패 사례는 매우 많다. 시니어들은 대놓고 시니어 상품이라고 광고하는 제품을 구매하려고 하지 않는다.

할머니에게도 속옷은 중요하다 _____

여성이 매일 갈아입는 속옷은 피부처럼 소중한 옷이다. 특히 일본 여성처럼 속옷에 신경 쓰는 경우도 드물다. 대형 유통그룹인 이온은 이온몰(Aeomall)을 방문하는 여성 시니어들이 감촉 좋은 소재의 속옷을 선호한다는 것을 파악하고 2013년부터 유명한 여성 속옷 브랜드인 와코루(Wacoal)와 손잡았다. 두 회사는 시니어를 위한 이온 전용 여성속옷인 츠야카를 개발해 250여 개 매장에서 판매하기 시작했다. 상품은 브래지어, 속바지, 란제리 등으로 쾌적하고 신축성이 좋은 소재를 사용했으며 피부 접촉 시 좋은 느낌이 들도록 봉제해 착용감도 좋고 디자인도 적당히 화려하게 만들었다. 핵심 타깃은 60~65세지만 50대 후반부터 70대 전반까지 무난하게 착용할 수 있는 가격과 디자인으로 구성했다.

이는 이온이 중기 경영계획의 하나로 '시니어 시프트'에 중점을 두면서 연구한 결과다. 와코루 역시 1964년 와코르인간과학연구소를 설립해 약 50년간 4만 명 이상의 인체 계측 데이터를 분석해왔다. 이렇게 츠야카는 나이가 들면서 변화하는 시니어 세대의 체형을 장기간 연구한 성과를 바탕으로 설계되었다. 2017년에는 시니어 세대의 마인드와 감성에 호소하는 속옷 브랜드인 사쿠를 출시했다. 사쿠는 나이를 먹어도 스스로를 여성이라 여기며 언제까지나 아름답게, 매일 쾌적하고 화려하게 지내고 싶은 시니어 여성을 위한 상품이다. 현대 시니어 여성들이 속옷 디자인도 화려한 컬러와 디자인을 요구하는 것으로 조사된 점을 반영했다. 한편 디자인뿐만 아니라 체형 변화에 따른 기능성과 쾌적성도 중요하게 여기는 것으로 조사됐다.

과거 시니어는 질병이나 요양이 관심사였으나 뉴 시니어는 건강하고 액티브한 면을 주목하고 있다. 뉴 시니어는 등산 등의 여행, 골프나 요가 등의 스포츠처럼 아웃도어 여가 생활을 선호하므로 이와 관련된 옷이 필요하다. 이것이 비즈니스 포인트다. 시니어 패션은 건강한 활동을 도와줘야 한다. 시간이 흘러도 젊어지고 싶은, 젊게 활동하고 싶은 시니어가 늘어나는 만큼 시니어 패션 산업은 커질 수밖에 없다. 실제로 일본의 게이오백화점의 경우 50대 이상 고객 매출이 전체의 70%를 차지한다.

2014년 와코루가 65세 이상 여성 516명을 대상으로 실시한 조사 중에서 '당신은 몇 살부터 시니어라고 불리고 싶은가?'라는 질문에 25%가 '몇 살이 되어도 시니어라고 불리고 싶지 않다'라고 답했다. 나이를 잊은 에이지리스(Ageless) 패션 상품이 점점 더 많아질 수밖에 없는 이유다. 참고로 롯데백화점 2016년 스포츠 상품의 객단가를 비교해보면 50대 이상 고객이 30대 고객을 넘어섰다.

시니어 화장품 시장, 주름이 펴지다

일본에서는 개호 시설의 시니어들이 화장에 몰두하는 모습이 의외라며 화제가 됐다. 언제라도 예쁘게 살면서 가족이나 친구에게 초라한 모습을 보이지 않고 싶은 마음, 가족의 일원이자 멋진 반려자임을 인정받고 싶은 마음은 인간의 본능이기도 하다. 특히 개호 시설에서의 화장은 커뮤니티 안에 존재하는 자신을 찾는 일이며 주변에 대한 예의라고 생각하는 것이다.

시장에서도 시니어 화장품 브랜드가 주목을 받고 있다. 예전에는 할머니가 되면 화장에서 손을 많이 뗐지만 최근에는 여성스럽게 살고 싶어 하는 할머니가 늘어나면서 화장품 시장도 커지고 있다. 그러나 젊은 사람들과 비교할 때 피부 상태가 확연히 다르기 때문에 기존에 사용하던 화장품으로는 만족할 수 없다. 그래서 일본 화장품업계에서는 50세 이상을 위한 안티 에이징 화장품 시장이 형성되기 시작했다.

이전에는 제품에 타깃 연령대를 내세우면 실패한다는 공식이 있었으나 지금은 '50세부터'라고 표기한 시니어용 제품이 출시되고 있다. 50세 이상 여성을 대상으로 한 화장품 시장은 2013년 1조 6,500억 엔(16조 5,000억 원)을 돌파했으며 50세 이상 여성의 구매 금액이 전체 46.7%나 되었다. 2019년에는 50세 이상 여성이 전체 여성의 절반을 넘어설 것으로 전망되고 있기 때문에 화장품업체들의 선점하려는 시도가 활발하다. 한 번 사용한 화장품은 쉽게 바꾸지 않기 때문이다. 특히 시세이도(SHISEIDO), 가오(花王), 카네보우(Kanebo), 폴라(POLA) 등이 시니어를 타깃으로 활발한 마케팅을 벌이고 있다. 이 회사들이 내세우는 제품에는 쉬운 화장, 잡티와 주름 커버, 거친 피부에 기름기 보충, 눈 화장, 열기 쉬운 케이스 디자인과 알기 쉬운 설명, 차분한 색보다 화사한 색 등 공통된 키워드가 있다. 예를 들어, 가오는 아이섀도 내부에 돋보기를 부착하거나 손이 건조한 노인들이 제품을 잘 집을 수 있게 화장품 케이스 겉면을 우둘투둘하게 디자인했다.

시세이도는 브랜드 파워와 마케팅을 강화하면서 시니어 여성을 공략하고 있다. 2015년 시니어 여성 전용 브랜드인 프리올(PRIOR) 33품목 65품종을 발매하기에 앞서 6,672명의 시니어 여성을 대상으로 의식, 행동, 화장품 모니터 등을 조사 및 진행했다. 그 결과, 기존에 생각했던 것과 다른 새로운 시니어 여성상을 발견했다. 시니어 여성들의 공통된 의식은 능숙하게 나이를 들면서 나답게 빛나고 싶다는 것이었다. '할 것은 확실히 하면서도 매일 즐겁게 생활하고 싶다', '아름답게 가꾸는 데 특별히 노력하고 싶지는 않지만 그렇다고 손을 놓고 싶지도 않다', '세상의 유행보다 가까운 친구의 공감과 접촉에서 얻을 수 있는 것이 많다', '나이가 많더라도 빛이 난다는 말을 듣고 싶고 그런 자신이 되고 싶다', '다른 사람과의 비교보다 자신다운 생활과 스타일이 중요하다', '할머니가 되어도 여자인 것을 포기하고 싶지 않다' 등이었다. 연령에 대한 의식조사에서는 '젊음으로 돌아가고 싶다', '젊게 보이고 싶다'라는 의식보다 '연령에 구애받지 않고 새로운 것에 도전하면서 언제까지 설레는 마음을 가지고 싶다'가 더 강했다.

시세이도, 화장을 통한 마음의 치유 _____

시세이도(www.shiseidogroup.com)는 초고령사회의 주요 과제로 건강 수명 연장을 위한 화장 서비스를 독자적으로 개발해 화장요법 프로그램을 운영하고 있다. 2013년부터 경제산업성에서 추진하는 건강 수명 연장 산업의 기반 정비를 위한 사업의 일환으로 시세이도 라이프 퀄리티 사업을 수행하고 있는 것이다.

시니어, 시각 장애인, 암 환자를 대상으로 화장 서비스를 실시해 삶의 질을 유지 및 향상시킨다는 것이 목적이다. 소외계층이 되기 쉬운 이들의 미용과 건강을 지원하기 위해 전국 10개 도시에 뷰티 세라피스트를 배치해 '시세이도 라이프 퀄리티 뷰티 세미나'라는 이름의 화장 서비스를 제공하고 있다. 예를 들어, 이키이키(생기 발랄) 미용 교실은 뷰티 세라피스트가 요양 복지 시설, 장애인 시설, 의료 기관을 방문해 참가자들 스스로 즐겁게 화장할 수 있게 도움을 주는 방식의 세미나다. 화장하는 시간만 제대로 즐겨도 두뇌 훈련, 근육 트레이닝, 구강 케어 효과를 기대할 수 있기 때문이다. 미용을 통한 헬스케어 서비스를 제공해 개호 비용 절감 효과를 검증한 결과, 건강 수명 연장에 유효한 것으로 나타났다(2014년 6월부터 2015년 2월까지 도쿄건강장수의료센터와 공동 실시함). 또한 자택과 시설에서 화장 서비스를 받은 시니어들 중에서 건강하다고 생각하는 사람이 늘어나고 우울증 개선 효과도 있는 것으로 나타났다. 개호 비용이 1인당 연간 1만 4,220엔(14만 2,200원) 절감되는 것으로 밝혀졌다.

이·미용 방문 서비스

최근에는 이·미용사의 방문 서비스도 확대되고 있다. 거동이 불편하거나 움직일 수 없는 장애인, 의식 없는 환자가 있는 곳을 찾아가 커트, 샴푸 등 이·미용 서비스를 해주는 것이다(http://b-iio.jp).

서비스를 제공할 때는 고객의 다양한 신체 상황과 장애 특성에 대응할 수 있도록 미용 기술과 지식, 요양 보호 관련 기초 지식 등을 활용해야 한다. 따라서 일본에서 방문 이·미용사가 되기 위해서는 일본이미용사협회(全日本訪問理美容師協會) 등에서 인증하는 수

료증을 받아야 한다. 강좌의 내용은 장애 고객을 대상으로 머리 손질하는 법, 휠체어 등 기구를 작동하는 법 등인데 이·미용 자격증이 있는 사람만 수강할 수 있다. 특히 간호 기초 지식 관련해서 감염 예방법을 추가로 배운다. 강좌는 3시간 정도로 길지 않다. 관련 협회의 강좌 이외에도 여러 단체에서 교육을 시행하고 있다.

이·미용 방문 서비스는 일본뿐만 아니라 우리나라에서도 관련 법령의 단서조항에 따라 예외적인 경우에 한해 허용하고 있다. 우리나라와 일본 간의 차이를 찾는다면 사회복지시설에서 방문 서비스를 진행하는 경우를 들 수 있다. 우리나라는 사회봉사의 시각에서 접근하지만 일본에서는 적정한 대가를 지불하는 복지 서비스의 하나로 지자체에서 방문 서비스 사업을 적극 지원하고 있다.

사실 우리나라의 현실은 열악하다. 예외 규정이 존재하지만 현실에서는 유명무실하다. 여전히 영업소 이외의 이·미용은 불법이라는 인식이 널리 퍼져 있다. 그래서 봉사활동 외의 방문 이·미용 서비스는 활성화되지 않고 있으므로 개선의 여지가 필요하다.

시니어를 배려하기 시작하다

게이오백화점의 시니어 사랑은 무죄 _____

도쿄 신주쿠의 게이오백화점(www.keionet.com)은 1990년대 초에 매출이 감소하고 주변에 대형 백화점이 들어서는 등 위기를 맞았다. 이를 타개하기 위해 1994년부터 여성 중장년층을 핵심 타깃으로 설정하고 개혁을 단행했다. 1995년 가을, 부인복 3개 층 중 1개 층을 전략적 플로어(Floor)로 설정하고 여행 콘셉트에 맞는 1만 엔(10만 원)대 제품을 선보이면서 호평을 받았다. 1층에 만든 구두 전용코너에서는 전문가(Shoe Fitter)가 브랜드 관계없이 고객에게 맞는 신발을 추천해 인기를 끌었는데 현재까지 이어지고 있다.

신주쿠역은 도쿄에서 가장 이동 인구가 많은 전철역인데 게이오백화점은 개찰구에서 바로 이어져서 고객의 이동이 편리하다. 전철을 많이 이용하는 시니어 고객에게는 안성맞춤 백화점인 것이다.

하루 7만 명, 연간 2,700만 명이 방문하는데 매출의 70%가 50대 이상의 시니어이며 상위 20%는 단골고객이 차지하고 있다. 상위 20% 사람들이 전체 부(富)의 80%를 가지고 있다거나 상위 20%의 고객이 매출의 80%를 창출한다는 파레토 법칙(Pareto's Law)을 적용해 정책을 새로 짰다. 상위 20%의 고객에 대한 만족도를 높이는 정책을 쓰고 나머지 고객에 대해서는 취향을 세분화해 효과적인 정책을 사용하면서 우량 고객으로 만들어가는 방식이다.

우선 시니어를 배려하는 방식으로 매장을 개조했다. 짐을 놓을 수 있는 공간을 확보한 쾌적한 화장실, 높이가 낮아 앉기 편한 의자, 바닥과의 간격 해소, 통로를 넓게 하고 곳곳에 휴식 공간 설치, 병원 가는 길에 들르는 시니어가 많은 것을 고려해 약 먹을 수 있도록 급수코너 설치, 느긋한 에스컬레이터(보통 분당 30미터지만 시니어용은 분당 25미터), 걷기 편하고 미끄러지지 않는 자재를 사용한 바닥, 글씨가 커진 가격표, 세일 등의 외국어 대신 일본어 표기 등이 그것이다. 심지어 매장을 개조할 때는 시니어가 당황하지 않고 상품을 찾을 수 있도록 큰 변화는 피하고 시간을 들여 천천히 바꿨다.

중장년의 주관심인 건강 관련 상품도 충분하게 진열했다. 옷, 신발, 선물, 인테리어 등 각 매장에 상품 지식이 풍부한 베테랑 판매원을 배치해 상담하면서 안심하고 구매할 수 있도록 배려했다. 판매원은 비슷한 연령대나 딸에 해당하는 연령으로 해서 친구나 모녀 같은 친근한 접객을 시도했는데 재방문 고객이 늘고 있다. '효율보다 만족', '고급스러움보다 편안함을 내세운 전략'을 구사한 것이다.

늙은 세대가 아니라 위대한 세대 _____

일본에서 시니어 시프트 전략으로 주목받는 대표적 기업이 유통업체 이온(AEON)이다. 이온은 2011년 그룹의 주요 비즈니스 타깃을 전환한다고 발표했다. 중기 경영계획으로 도시형 시프트(대도시권 중심에 출점 및 리뉴얼 강화), 아시아 시프트(아시아를 향한 글로벌 전략 강화), 디지털 시프트(인터넷을 포함한 IT 전략 강화)와 함께 시니어 시프트(55세 이상의 시니어를 향한 전략 강화)를 추진하기로 했다. 이 중에서 시니어 시프트가 특히 주목을 받았다. 이에 따라 2013년에 도쿄 에도가와 구에 있는 카사이점을 리뉴얼하여 GG몰(Grand Generation's Mall)이라는 이름의 실험적 매장으로 재개장했다.

이온 카사이점(www.aeon.com/store/イオン/イオン葛西店)은 도쿄 도심 오테마치역에서 지하철을 타고 15분 거리인 니시카사이역에서 도보 10분 거리인 주택가에 있다. 겉모습만 보면 우리나라 이마트, 홈플러스와 다를 것이 없다. 하지만 소비층이 다르다. 이 지역은 30년 전에 아파트가 건설되면서 젊은 직장인이 많이 입주했는데 지금은 시니어가 됐다. 특히 55세 이상 액티브 시니어가 많고 소득 수준도 높다.

처음에는 패밀리층인 30~40대 부모와 아기를 대상으로 마케팅을 전개했으나 고령화가 급속히 진전되자 매출 신장에 어려움을 겪게 되었다. 방문 고객 중에 시니어가 많았지만 품목과 서비스에서 전혀 고려하지 않아 매출은 계속 하락했다. 그래서 이온은 시니어에 맞는 매장 콘셉트를 적용해 리뉴얼을 하기로 결정했다.

55세 이상 소비자를 주요 고객으로 설정하면서 가격표가 쉽게 보이도록 키웠고 시니어를 위한 다양한 상품과 서비스를 갖췄다. 매장 오픈 시간은 오전 7시로 정했다. 아침잠이 없는 시니어를 배려한 것이다.

매장 구성도 꽤 혁신적이다. 4층에는 '함께 시간을 즐기는 사람들의 커뮤니티 플로어'를 만들었다. 180미터 워킹 트랙이 있어 걷기 운동이 가능하다. 아침마다 체조, 에어로빅, 스트레칭 등이 진행된다. 1,000보를 걸을 때마다 포인트가 쌓이고 체조에 참여하면 선물 증정 스탬프를 찍어준다. 아침 운동이 끝나면 카페에서 5가지 건강 모닝 세트로 아침식사를 즐길 수 있다. 옆에는 수예, 미술, 요가, 댄스, 요리, 바둑, 건강마작 등 150개 강좌가 개설된 문화센터가 있다. '책과 함께하는 생활'을 테마로 한 대형 서점, 여성이나 시니어가 1회 30분 가벼운 운동을 할 수 있는 피트니스센터도 만들었다.

중앙의 상설 이벤트 공간인 GG스테이지에서는 악기 연주, 지자체 행사, 행정 상담 등 다양한 행사가 개최된다. 매장에서 판매하고 있는 상품과 연계된 이벤트나 세미나도 열린다. 4층에서 이벤트 행사를 본 다음, 내려가면서 다른 층에 있는 상품을 구매하도록 하려는 의도다. 예를 들어, 4층에서 와인을 즐기는 방법에 대한 강의를 듣고 1층에서 구매하도록 유도하는 것이다.

이온이 직영하는 데이케어센터인 이온스마일이 가장 인상적이다. 보통 쇼핑몰에는 어린이 놀이방이 기본이다. 그런데 여기에는 어르신 유치원인 주간 보호 시설이 있다. 지역 시니어를 배려하는 등의 지역사회 공헌을 위해 생활 밀착 서비스를 제공하고 있는 것이다. 개호 예방과 재활에 특화해 이학요법사, 생활상담사, 간호사 등 전문 스태프가 상주하고 CGT(개호 예방 포괄적 고령자 트레이닝)에 기초한 최신 운동 기기도 갖추고 있다. 생활 금융플라자도 있어서 자산 운용, 신규 보험 가입, 주택론 등 금융 상담이 가능하며 금융 관련 세미나가 수시로 개최된다.

1층은 '식생활을 즐기는 사람들의 커뮤니티 플로어'라는 콘셉트로 신선하고 맛있는 저염 식품이 진열되어 있다. 맛있는 것을 간단히 소량만 먹고 싶어 하는 시니어를 위한 배려가 돋보이는 공간이다. 소량 판매를 하고 반찬을 필요한 만큼 포장할 수 있다. 전체적으로 가격대가 낮고 가격표가 크게 표시되어 있다. 냉장 식품, 조리 식품, 도시락 등 전자레인지로 간단히 조리할 수 있는 상품도 많다.

2층은 '미와 건강, 어른 플로어'다. 건강 검진 및 상담, 정보 제공 등 지역주민의 건강을 관리하는 전문 스태프가 상주하고 있다. 생활 습관병 예방과 식생활 상담을 해준다. 시니어를 위한 한·약방, 약국, 화장품, 구강 치료, 구두 수선 매장 등이 있다. 물론 의류, 패션 매장도 있는데 미시즈 토털 패션, 평상복으로 멋 내기, 시니어용 모자 코너, 시니어 핸드백 등으로 특화했다.

3층은 '쾌적한 생활의 솔루션 플로어'다. 보청기, 노안경 등 시니어에게 필수적인 품목을 다루는 매장이 입점해 있다. 가사 대행 서비스로 유명한 카지타쿠가 입점해서 청소, 정리 수납, 하우스 클리닝, 의류나 이불 등의 택배 클리닝, 열쇠 제작 서비스 등을 제공하고 있다. 인생을 즐기는 시니어들을 겨냥한 고급 지팡이 전문 매장인 판타스틱(FantaStick)은 정말 환상적이다. 소재뿐만 아니라 다양한 색상, 형태의 지팡이들이 전시되어 있다. 그 중에는 70만 엔(700만 원)짜리 지팡이도 있다. 워킹 쇼핑백, 쇼핑 카트도 전시되어 있다.

이처럼 GG몰은 모든 층이 시니어 친화적으로 구성된 일본 최초의 매장이다. 바닥에 카펫을 깔고 인테리어도 호텔처럼 꾸며 고품격 분위기를 연출했다. 통로는 넓히고 저속 에스컬레이터 주변에는 상품 대신 소파를 설치해 휴식할 수 있는 공간을 만들었다. 알루미늄제로 경량화한 라꾸라꾸 쇼핑 카트도 주목할 만하다. 시니어들이 계산할 때 장바구니를 내려놓지 않아도 되고 계산 후에도 바구니를 쇼핑 카트에 올려놓은 상태에서 이동이 가능하다.

각층에는 시니어를 위한 컨시어지(Concierge)가 있다. 치매 서포터 354명, 서비스 요원 37명 등이 시니어의 쇼핑을 도와준다. 일상생활에서의 불편함, 어려움 등 무엇이라도 상담이 가능하다.

A부터 Z까지 시니어가 최대한 안락함과 편안함을 느끼면서 쇼핑할 수 있도록 배려한 결과는 매출 신장으로 이어졌다. GG몰로 리뉴얼한 후, 시니어뿐만 아니라 패밀리 고객층도 증가했다. 시니어가 만족할 수 있는 환경이라면 모든 세대가 만족하게 된다는 점이 리뉴얼을 통해 얻은 교훈이었다. 고객의 복장에서도 변화가 나타났다. 과거에는 슬리퍼에 평상복이 많았으나 지금은 멋진 복장을 갖춰 입은 시니어가 늘고 있다. 친구와 차를 마시고 교류하면서 다른 사람의 눈을 의식하게 되었기 때문이다. 방문해 체류하는 시간이 1.5배

늘어나고 객장 단가도 2배 증가했다. 2017년 말 기준으로 전년 동기 대비 매출이 30% 증가한 것으로 보도되었다.

GG몰에서 시니어들이 선호하는 상품은 의외로 고가의 상품이었다. 걸으면서 지팡이 대용으로 사용할 수 있는 쇼핑 카트인 스와니(SWANY), 보정 속옷인 다무라(TAMURA), 시니어용 신발인 리겟타(Re:getA), 가방인 야마코야 등이 생각보다 잘 팔렸다.

카사이점 재개점 당시 내걸었던 광고문구가 바로 '인생은 후반전이 재미있다'였다. 이온은 시간적, 경제적 여유를 갖고 적극적으로 소비하는 시니어를 'GG(Grand Generation) 세대'라고 정의했다. 여기서 말하는 그랜드는 그랜드 파더나 그랜드 마더가 아니다. 다른 세대보다 젊게 나이 들고 인생을 즐기는 시니어들에게 '위엄', '최고'라는 의미를 부여한 것이다. 이 시대의 풍부한 지식과 경험을 가진 연장자에게 경의를 표한다는 의미였다. 이온몰, 구체적으로 GG몰은 시니어가 그저 고령자라는 생각에서 탈피해 액티브하게 인생을 즐기는 세대로 정의하고 그들이 만족할 상품과 서비스를 제공했다. 그리고 그 결과는 매우 놀라웠다.

미국 등에서도 안정적 자산을 갖추고 노년을 맞이하는 계층을 그레이 달러(Gray Dollar) 세대라고 부르고 있다. 보스턴컨설팅그룹은 55세 이상의 소비 계층이 앞으로 20년 동안 소비 성장의 절반 이상을 차지할 것이라고 전망했다.

시니어의 편의를 봐 드립니다 _____

일본에서 일상생활과 가장 밀접한 곳이 편의점이다. 전국적으로 5만 8,000개나 있다. 편의점 없는 일본은 상상할 수가 없다. 그 편의점이 지금 시니어 생활 지원에 집중하고 있다. 일본의 프랜차이즈체인협회에 따르면, 월 기준으로 편의점을 찾는 인구가 14억 명에 이르는데 약 40%가 시니어다. 결코 무시할 수 없는 고객인 것이다. 이를 겨냥해 프랜차이즈체인협회에서는 2009년 '사회 인프라로서의 편의점' 선언을 발표하면서 안심 지원 등 지역사회 공헌을 위한 목표를 내걸기까지 했다.

시니어 관련 서비스를 제공하고 있는 일본의 대표적 편의점이 로손(www.lawson.co.jp)이다. 시니어를 위한 상품 개발과 요양 서비스 관련 시스템 구축에 발 벗고 나섰다. 지역, 의료, 복지를 연결해 고령사회에 대응한다는 전략으로 매우 구체적이다.

'호스피탈로손'은 병원에 입점해 입원 생활에 필요한 칫솔, 속옷, 간병용품, 의료 위생용품 등을 판매한다. '헬스케어로손'에는 등록 판매자가 상주해 OTC의약품(Over The Counter Drug: 약국이 아닌 슈퍼마켓, 편의점 등에서 연고나 파스 등 간단한 의약품을 판매하도록 허용하는 제도인데 '대체조제'라고도 한다)을 판매한다. '파머시로손'은 조제 약국을 병설해 식사, 건강 관리 등을 상담한다.

2014년에 지역 요양 사업자인 위즈넷과 손잡고 개호 거점 병설형 매장인 케어로손 1호점을 도쿄 근교 사이타마현 카와구치에 열었다. 현재 전국적으로 10곳을 운영 중인데 케어 매니저나 상담원이 상주하는 재가 요양 지원 상담실이 있다. 개호 예방 운동 정보, 지자체, 지역 동아리, 이벤트 정보 등 지역 커뮤니티를 지원하는 시니어살롱도 만들었다.

매대에는 시니어들이 선호하는 과자, 일용품, 잡지, 서적, 성인용 기저귀 등을 진열했는데 특히 시니어용 UDF를 4개 등급별로 진열해 취향대로 선택할 수 있게 배려했다. 주차장에서는 정기적으로 건강 상담을 실시하고 있다. 생활 습관이나 골밀도 측정 등을 해주며 다양한 건강 관련 교육도 실시하고 있다.

2017년부터는 제휴업체를 변경해 간병 사업 대기업인 츠쿠이가 35년간의 요양 사업 경험과 노하우를 기반으로 상담 창구를 운영하고 있다. 츠쿠이는 지역 밀착 서비스를 제공하는 데이케어센터와 방문 요양을 전국에서 640개소나 운영하는 대형업체다. 로손이 현재 지역 포괄 케어 시스템의 일환으로 AIP 생활 거점을 구축하고 있는 것이다. 또한 2020년까지 미니 트럭을 1,200대까지 확보해 이동식 편의점 서비스를 확대할 방침이다. 거동이 불편하거나 쇼핑몰과 멀리 떨어진 지역에 있어서 생필품 구매에 어려움을 겪는 쇼핑난민, 쇼핑 약자를 적극적으로 유치하겠다는 전략이다.

세븐일레븐(http://www.sej.co.jp)은 2017년에 매장 인테리어를 대폭 개선했다. 고령자, 주부, 맞벌이 부부를 대상으로 매장에서 조리한 음식을 사서 집에서 먹는 중식(中食)을 강화했다. 냉장 및 냉동식품 코너를 2곳 이상 설치하고 계산대도 확장했다. 계산대 옆에 어묵과 튀김 코너를 확충해서 조금만 먹고 싶어 하거나 필요한 상품을 원하는 만큼만 사고 싶어 하는 시니어의 니즈를 고려해 소포장 수프와 샐러드 종류를 늘렸다. PB(Private Brand) 상품인 세븐프리미엄의 소량 반찬 포장 메뉴도 적극적으로 투입했다. 또한 2013년부터 60세 이상의 시니어를 적극 채용하기 시작했다. 도시락 배달 업무를 맡기면서 말동무 역할도 하게 했다. 시니어 소비자가 편의점에 더 친근감을 갖도록 한 것이다.

업계 3위인 패밀리마트(www.family.co.jp)는 타사와의 협업에 힘을 쏟는 것이 특징이다. 2018년 2월 도쿄에 스포츠센터와 편의점을 묶은 'Fit&Go 오다나가하라점'을 열었다. 건물 2층에 운동 기구를 설치하고 1층에는 단백질 식품과 운동복을 판매했다. 고령화에 따라 건강을 지키려는 시니어가 많아지는 것을 감안해 매장을 향후 5년간 300개로 늘릴 예정이다. 시니어를 대상으로 한 메디컬 푸드(요양식)도 좋은 반응을 얻고 있다. 당뇨병, 신장병, 고혈압 등에 좋지 않은 염분, 칼로리, 당분의 함량이 제한된 환자 전용식인데 종류가 90개에 달한다. 국제당뇨병연합(IDF)에 따르면, 2015년 일본 당뇨병 환자 인구는 약 720만 명이다. 성인 환자 가운데 60% 정도가 60~79세의 시니어들이다. 관련 수요를 면밀히 파악하고 적극적으로 반영한 전략이라고 할 수 있다.

시니어용품 렌탈업

프랑스베드홀딩스(www.francebed.co.jp)는 1949년 차량용 시트를 제조하는 회사로 출발했다. 1961년에 낮에는 소파로 사용하다가 밤에는 침대로 사용할 수 있는 일명 분할식 소파베드를 개발했다. 일본 주택은 좁고 방바닥이 다다미라서 이불을 침구로 사용하기 때문에 특화된 상품을 선보였던 것이다. 상품명을 사내 공모해서 프랑스베드로 결정했는데 크게 성공하자 아예 회사명도 변경했다. 이후에도 사업 다각화는 계속 진행되었다.

1983년에 일본 최초로 요양 침대를 가정에 대여하는 사업을 시작했다. 침대를 구입하고 3개월 만에 "필요 없게 되었으니 가져가라"는 고객의 상담을 받으면서부터다. 여기서 새로운 발상으로 침대 대여 사업을 구상하게 된 것이다.

1984년부터 시작한 복지용품 사업은 2000년 개호보험 도입을 계기로 대여 사업에 진출하면서 크게 확대되었다. 또한 간병 사업과 함께 건강한 시니어를 위한 제품과 서비스를 제공하는 액티브 시니어 사업에도 주력하고 있다. 개호 사업도 펼치고 있는데 재가 서비스 중심으로 복지용품 대여 및 판매, 주택 개조, 주간 보호 요양 시설인 데이케어 서비스 사업을 운영하고 있다. 복지용품 대여 품목으로는 휠체어, 휠체어 부속품, 특수 침대, 특수 침대 부속품, 미끄럼 방지 용품, 손잡이, 슬로프, 보행기, 보행 보조 지팡이, 치매노인 배회 감지기, 이동용 리프트, 자동 배설 처리 장치 등이 있다. 주택 개조는 현관문 등의 손잡이 교체와 계단 높낮이 차이 해소 등 개호보험의 지원범위인 20만 엔(200만 원) 한도 내에서 제공한다.

데이케어 서비스에는 '피트니스 앤 컬처센터' 콘셉트를 도입했다. 매일 헬스클럽에 다닌다는 느낌을 줘서 유유이키이키클럽이라고 불린다. 2010년부터 시작해 직영점과 프랜차이즈점을 합쳐 전국 27곳에서 운영되고 있다. 경영 악화를 겪는 가구점 등이 빈 공간을 활용해 개업하는 사례가 많다.

액티브 시니어 중에는 아직 간병을 받을 단계는 아니지만 발목이 약해지고 시력과 청력이 떨어지는 시니어가 꽤 많다. 고령으로 질병과 부상 리스크가 높아지면서 건강하고 쾌적한 생활을 하고 싶어 하는 니즈를 충족시켜주기 위해 2011년 액티브 시니어를 위한 새로운 브랜드인 리하테크를 도입했다. 재활 치료를 뜻하는 'Rehabilitation'이 기술을 뜻하는 'Technology'와 결합한 단어다. 시니어들에게 편리한 상품을 판매하는 상점을 개설한 것이다. 시니어가 자동차로 교외까지 가지 않고 전철역을 이용해 접근할 수 있는 곳 중심으로 매장을 열었다. 프랑스베드가 운영하는 영업점이나 쇼룸에 리하테크숍을 설치하는 등 전국적으로 17개를 운영되고 있다. 가구 소매점, 드러그스토어, 가스 사업소, 가전 판매점 등 타사 매장에는 리하테크코너를 설치했다.

프랑스베드는 장보기에 불편을 겪는 쇼핑 난민이 많다는 사실에 주목해 상품을 개발하기 시작했다. 생필품을 사기 위해 시장 가는 것이 불편한 시니어들을 위해 2010년에는 전동 어시스트 3륜 자전거를 개발했다. 바퀴가 3개라서 안전감이 있고 전동이라 비탈길도 쉽게 올라갈 수 있으며 의자가 낮아 타고 내리기에 좋고 장바구니가 달려 있어 편리하다. 최근에는 3륜 자전거의 장점에 전동 휠체어

기능을 더한 핸들형 전동 3륜 휠체어를 시판했다.

또한 치매환자를 위한 상품 개발에도 힘쓰고 있다. 특히 주목할 만한 것이 치매환자 외출 통보 시스템이다. 인증키를 갖고 있지 않은 사람이 문을 통과하면 센서가 작동해 빛과 경고음으로 통보하는 시스템이다. 치매환자가 인증키를 놓고 다니는 것을 감안한 역발상이다. 환자의 의지를 존중하면서 가족과 간병인의 부담을 줄이기 위한 것이다. 이 제품은 개인 배상 책임보험에 가입되어 있어 치매환자 가족의 손해 배상 책임을 담보한다. 치매환자가 배회하다가 발생한 철도 사고로 720만 엔(7,200만 원)의 배상 책임 소송이 발생했던 사례를 고려해 대비한 것이다.

이처럼 프랑스베드는 긴 역사를 가진 제조사이면서 렌트 사업자다. 복지용품 대여 사업을 선도하는 기업으로서 전국적인 영업 조직을 갖고 있다. 또한 고령화율이 높은 유럽과 아시아 시장에 진출하고 있다. 이 회사가 60대 후반에서 80대까지의 액티브 시니어를 타깃으로 시니어 비즈니스를 전개하는 점에 주목할 필요가 있다. 개호보험제도가 적용되지 않는 보험 외 시장을 개척하려는 것이다.

장수 시대의 미래 설계

나이가 들면 걱정거리가 한둘이 아니지만 금융업무처럼 두렵고
걱정스러운 것도 없다. 크게는 보험이나 상속문제부터, 작게는
온라인 뱅킹이나 공인인증서에 이르기까지 살면서 꼭 해야 할
일이지만 왠지 멀리하게 된다.

일본에서는 노후에 필요한 자산 관리와 금융업무를 해결해주는
서비스도 활발하게 성장하고 있다. 상속 및 증여에 관한 신탁 상
품이 뜨고 장수 리스크를 관리하기 위한 다양한 보험 상품과 주
택연금도 개발되고 있다. 또한 사물인터넷, 인공지능 등 첨단 기
술을 활용한 건강 관리와 연계된 보험 상품도 주목받고 있다.

우리보다 먼저 고령화사회에 접어든 일본, 즉 상속이나 증여 등의 문제를 먼저 겪은 일본의 시니어들은 자산 관리문제를 어떻게 극복하고 있을까? 그리고 우리보다 먼저 저금리, 저출산사회로 접어든 일본의 은행들은 고객의 자산 관리 서비스에 대한 니즈를 어떻게 충족시키고 있을까? 미국 웰스파고는 65세 이상 VIP 시니어에게 병원 예약이나 간호인 제공, 간단한 심부름이나 집안일 등 비서 서비스를 제공하기도 하는데 일본에는 어떤 서비스가 있을까?

이번에 자주 등장하는 단어가 바로 일본의 '신탁(信託, Trust) 상품'이다. 말 그대로 은행을 믿고 일정 기간 동안 내 재산을 맡긴다는 의미인데 우리에게는 조금 낯설지만 일본에서는 대중적인 금융 상품이다. 사실 재산이란 개인 능력에 따라 서로 다르고, 사용처에 따라 그 쓰임새도 다르다. 따라서 형식이 고정된 상품보다는 유연한 운용과 관리가 가능한 탄력적 상품이 필요한데 신탁 상품이 해당된다. 자유로운 상품 구성이 가능하기 때문에 가입자의 연령, 재산, 가족 등을 고려해야 하는 장기 자산 관리에 특화되었다고 볼 수 있다. 또한 신탁은 주식이나 채권 등의 금융 자산은 물론이고 부동산이나 재산권 등의 다양한 비금융 자산까지 통합·관리한다. 분산된 자산을 한 계좌에서 관리할 수 있다는 편리성 때문에도 시니어들이 선호하는 자산 관리 상품이 되었다.

새로운 시장을 개척해야만 했던 은행과 자산 관리의 필요성이 커진 시니어 세대 간의 니즈가 맞아떨어지면서 신탁은 대중화되기 시작했다.

다양하게 진화하는 시니어 신탁 상품

미쓰이스미토모신탁은행의 투자 일임 운용 상품인 '랩구좌(개인용 자산 관리구좌, 랩어카운트라고도 한다)'의 경우 고객에게 운용계획을 제안하고 투자 일임 계약을 체결하면 투자 판단과 매매, 관리 등의 자금 운용을 은행이 대신한다. 부대 서비스로 인생 안심 패키지가 있는데 만 40세에서 65세 사이에 가입하면 계약금액 500만 엔(5,000만 원)마다 암 보험과 간병 보험을 무료로 제공한다.

'안심 서포트 금전신탁'은 신탁 수익자를 본인이나 다른 사람으로 할 수 있기 때문에 고객의 의사에 따라 신탁 재산을 교부한다. 예를 들어, 요양시설에 들어가고 싶은데 재산 관리를 맡길 사람이 없고 장래에 걸릴 치매가 걱정이라면 신탁은행이 고객을 대신해 매달 주거비를 지급하기도 한다.

'안심 서포트 생명보험신탁'은 푸르덴셜생명과 공동으로 개발한 상품인데 생명보험금의 교부 방법, 용도 등을 미리 설계해 본인이 사망해도 보험금을 보전하면서 자녀가 학비 등이 필요할 때 자금이 지급되는 상품이다.

'시큐리티신탁'은 보이스 피싱 등의 금융 범죄로부터 재산을 보호하기 위해 개발된 상품이다. 예를 들어, 일상생활에 필요한 자금[최대 20만 엔(200만 원)] 외에는 미리 지정한 사람(3촌 이내 친족)이 동의해야만 자금이 인출되는 식이다.

치매 등으로 판단력이 떨어지는 상황에 있는 시니어를 보호하기 위해 미리 후견인을 지정하는 '성년후견제도' 신탁도 운영하고 있다. 일본에서는 후견인이 재산을 횡령하는 사건이 빈발하고 있어 피후견인 재산 중에서 예금 등 일상적인 자금에 대해서는 후견인이 관리하고 나머지 자금은 신탁은행에 신탁해 관리하게 했다. 또한 공익사단법인 성년후견센터와 협정을 체결해 성년후견인제도에 관한 상담과 법적 지원도 하고 있다. 2011년에는 고객이 매년 1회 신탁 원금을 활용해 은행이 제시하는 비영리단체에 기부하는 사회공헌 기부신탁도 시작했다.

'가족 배려신탁'은 상속이 발생하면 법정 상속인 중에서 미리 지정한 수취인에게 예치된 신탁 재산을 필요 자금과 장례 비용의 명목으로 한 번에 지급하거나 매달 생활 자금을 정기적 연금으로 지급하는 상품이다.

'증여 서포트 신탁'은 사망하기 전에 친족에게 재산을 증여할 때 필요한 업무, 즉 증여 계약서 작성 등을 지원하는 서비스다. 2013년 세제 개정으로 조부모가 손주에게, 부모가 자식에게 교육자금을 줄 때 1인당 최대 1,500만 엔(1억 5,000만 원)까지 증여세를 면제해준다. 이를 반영해 교육 자금 증여 신탁, 일명 '손주 생각'을 도입해 시니어의 자금이 직접 당사자(젊은 층)에 흘러가게 한 것이다. 그리고 2015년 세제 개정으로 20세에서 50세 미만의 자녀나 손주에게 결혼·육아자금으로 일괄 증여할 경우 1,000만 엔(1억 원)까지 증여세가 비과세되는 결혼·육아 지원 신탁 상품도 발매했다. 원활한 상속을 위해 에스테이트 플래닝(Estate Planning) 서비스도 제공한다. 고객의 자산 승계에 대해 합리적으로 정리하고 구체적인 승계계획을 작성해 자산 관리, 상속, 유언에 관계된 사안을 컨설팅하는 것이다.

시니어들에게 가장 중요하다고 할 수 있는 '유언 신탁'은 고객의 의사에 따라 예금, 유가증권, 부동산 등의 자산을 다음 세대에 승계하는 방법을 자문하며 유산을 사회공익을 위해 유증(遺贈)하기를 원하면 관련 기부제도를 안내하고 있다. 유언장 작성 및 보관, 집행 서비스 등도 지원한다.

미즈호신탁은행은 2017년 시니어를 위한 부가 서비스가 강화된 상품을 선보였다. 고객이 신탁한 자산을 원본 보증 및 승계로 운영해 생활자금과 가족에 대한 증여로 활용하는 상품이다. '선택하는 안심 신탁'을 계약한 고객에게는 요양 및 노인 홈 서비스, 안부 확인 및 경비 서비스, 주택 보수, 가사 대행 등의 생활 서포트 서비스를 패키지로 제공한다. 이 서비스는 전문업체 14곳과 제휴해 실행하고 있는데 이용요금은 할인 혜택 및 신탁한 자산에서 공제하는 방식이다. 고객은 이용하고 싶은 서비스가 있을 경우 전용 상담센터에 전화를 걸어 음성 안내에 따라 생활 서포트 서비스를 선택하면 서비스를 제공하는 회사를 연결해준다. 미즈호신탁, 은행, 증권 등의 전국 약 800개 지점에서 연간 1,000건을 판매하고 있으며 신탁 총액 400억 엔(4,000억 원)을 목표로 하고 있다.

신탁은행의 시니어 이해 증진

이제 모든 산업에 해당하는데 소비의 주체가 시니어 세대로 이동하는 추세에 적절히 대응하지 못하면 비즈니스 기반이 흔들릴 수 있다. 특히 시니어 고객을 직접 만나는 은행원들은 시니어들의 성향과 행동을 잘 이해하고 응대해야 한다.

미쓰이스미토모신탁은행은 2004년에 금융기관 최초로 시니어 고객을 응대하는 서비스부서를 만들었다. 전국 지점에 치매 서포터 양성과정을 개설해 은행원들에게 치매 증세와 금융기관에서 발생할 수 있는 문제 및 대응 방안에 대한 교육도 시켰다. 2017년에는 교토부립의과대학교와 공동으로 전국 모든 지점에서 치매문제 실태조사를 실시한 결과, 시니어들이 예금통장을 빈번히 분실해서 재발급받는 문제를 확인할 수 있었다. 그래서 〈치매문제에 대응한 금융 가이드〉을 발간해 지점에 비치하고 교육에 활용했다. 노년학을 체계적으로 가르치기 위해 NPO인 생활환경만들기21의 주관하에 은행원들을 교육시키는 프로그램을 도입하기도 했다. 교육을 마치고 시험에 합격한 사람에게는 웰빙 컨시어지(Wellbeing Concierge) 자격증을 줬다.

2013년에는 제일생명과 함께 지속 가능한 지역 지원 워킹그룹을 만들어 저출산, 고령화, 주택, 요양, 치매 등 고령사회문제를 테마로 고객강좌를 개설하고 교육 내용을 다른 금융기관과 공유했다. 개인 고객을 대상으로 재산 관리, 역모기지, 부동산 등에 대한 종합적인 해결방안도 제공한다. 외부 전문기관과 연계해 실버대학을 만들어 건강, 자산 운용, 주거, 치매, 성년후견제도, 웰다잉 등에 대해서도 강의하고 있다. 은행이 단순히 돈을 맡기고 찾는 곳에서 벗어나 광범위한 시니어 서비스센터로 거듭나고 있는 것이다.

우리나라에서도 최근 들어 몇몇 은행이 일본의 금융 상품을 벤치마킹해 출시하기 시작했다. 저금리, 고령화, 상속, 자산 관리 등 일본이 겪었던 문제를 그대로 겪기 시작했기 때문이다. 노년학을 보험 및 금융분야로까지 확장한 금융노년학(Financial Gerontology)의 도입 필요성이 강조되고 있다. 금융 종사자들은 시니어 고객이나 은퇴 고객이 새롭게 접하는 삶의 지식들을 미리 습득해 좀 더 나은 금융 서비스를 제공하도록 관련 내용을 교육받게 된다. 금융노년학에는 금융 관련 지식 외에도 비재무적인 일자리(창업, 재취업), 일거리(자원봉사), 평생 교육, 취미 등도 다뤄진다. 금융기관들이 시니어

계층을 겨냥한 다양한 상품과 서비스를 개발하는 데 금융노년학의
구체적 전략이 필요하다고 할 수 있다.

일본의 시니어들은 획기적인 자산 증가를 기대할 수 있는 상품보다 현재 보유 중인 자산을 안전하게 지킬 수 있는 상품을 찾는다. 상속을 고려하고 노후 파산을 막으려면 장수 리스크 관리가 중요하다고 여기기 때문이다. 이런 이유로 일반적인 연금 상품보다는 민영 간병보험, 수준이 완화된 의료보험, 상속을 위한 외화 변동 일시불 종신보험, 10년간 예금하는 형태의 일시불연금 등이 좋은 반응을 얻고 있다.

오래 살수록 혜택이 커지는 장수 생존 연금보험

일본에서는 오래 살수록 혜택이 커지는 100세 시대 맞춤형 상품, 즉 장수 생존 연금보험이 속속 출시되고 있다. 사망 보험금을 최소화하고 생존 시 연금을 최대한 받을 수 있도록 설계한 연금 보험 상품인데 은퇴 준비를 시작해야 하는 50대의 관심을 많이 받고 있다. 수급 기간을 '종신'으로 선택하면 따로 노후 대책을 세우지 않아도 되기 때문에 50대 중에서 싱글 여성에게 인기가 좋다. 단, 연금 개시 후 가입자가 사망하면 보험금 지급이 중단되며 무엇보다 연금 개시 전에 사망하면 사망 보험금과 환급금이 없거나 아주 적기 때문에 일찍 죽으면 손실을 보게 된다. 혜택을 많이 보려면 무조건 오래 살아야 하는 것이다.

장수 생존 연금보험으로 처음 출시된 상품은 일본생명보험이 2016년 4월에 선보인 그랑 에이지(Gran Age) 장수 생존보험이다. 이 상품은 50세부터 70세까지 20년간 보험료를 납입하고 70세부터 종신연금을 받을 수 있도록 설계됐다. 그 대신 연금 개시 후에 사망하면 더 이상 보험금을 지급하지 않고 남은 금액을 다른 가입자의 연금 재원으로 돌린다. 연금 수급액이 납입 보험료를 웃도는 경계는 남성 90세, 여성 95세 정도다. 그 이상 살면 가입자에게 유리해진다. 출시 3개월 만에 1만 4,000건의 계약이 성사됐으며 1년 동안 4만 6,000건 가까이 팔렸다. 이는 톤틴(Tontine)연금의 구조를 원용한 것이다. 톤틴연금은 17세기 이탈리아의 로렌조 톤티(Lorenzo Tonti)가 창안한 것으로, 연금보험 가입자가 사망했을 때 그 유족에 대한 보험금 등은 지불하지 않고 살아있는 다른 가입자의 연금 재원으로 돌리는 방식이다. 그런데 다른 가입자의 조기 사망이 연금 재원 확대로 이어지는 것은 도덕적 결함이 있다는 논란이 일면서 톤틴연금의 구조를 변형해 개발하고 있다. 일본의 톤틴형 장수 생존연금의 경우 대부분 연금 개시 전 사망 시 최대 납입 보험료의 70%를 사망 보험금으로 보장하고 있다. 그랑 에이지 장수 생존보험 이후 다음과 같은 유사 상품이 계속 출시되고 있다.

- 보험료 납입 기간을 짧게 할 수 있는 제일생명의 '장수 이야기'
- 보증 기간 20년에 보험료의 70% 이상 환급, 연금 수령 최장 30년 등의 옵션을 넣어 원금 손실의 걱정을 덜어준 우정그룹 산하 간포생명보험의 '장수의 행복'
- 요개호 등급이 올라갔을 때 종신연금이 나오는 종신 생활 간병 연금보험과 패키지로 계약하는 태양생명의 '100세 시대 연금'
- 일본보다 금리가 높은 외화로 운용하는 일시불 장수 생존연금 매스뮤추얼(MassMutual)생명의 '장수연금플랜'
- 미국 달러와 호주 달러로 운용해 연금을 주는 미쓰이스미토모은행의 '장수연금'. 엔화보다 높은 이율을 기대할 수 있지만 환율 변동에 따라 수령액이 달라진다. 60세에 계약을 해 70세부터 사망 시까지 미국 달러로 연금을 받으며, 83~84세가 되면 총연금액이 그동안 낸 보험료를 넘어선다.

유대인들은 종신보험의 기능을 가장 효율적으로 활용하고 있는 것으로 알려졌다. 미국인이 1인당 평균 10만 달러(1억 1,000만 원) 정도의 보험에 가입해 있는 반면, 유대인은 최소 100만 달러(11억 원)의 보험에 가입한 것으로 조사됐다. 역시 경제관념이 투철하고 부자가 많기로 유명한 민족답다고 할 수 있다.

그렇다면 우리나라는 어떨까? 보험연구원이 발표한 2017년 보험 소비자 설문조사에 따르면, 우리나라 가구당 보험 가입률은 97%에 달한다. 개인별 보험 가입률도 94.5%에 이른다. 다만 종신보험의 보장 자산 크기가 낮은 것으로 조사됐다. 보험개발원에 따르면, 2013년 보험 가입자 1인당 평균 사망보험금은 3,029만 원에 불과했다. 2016년 가구당 월평균 지출액(336만 원)을 감안할 때 가족을 지키기에는 부족한 금액이라고 할 수 있다. 미국은 한화로 1억 4,000만 원, 일본은 1억 2,000만 원 정도의 보장 자산이 마련된다. 참고로 한국의 시니어들은 보유 자산 중 부동산의 비중이 굉장히 높다. 상속세는 최고 세율 50%로 OECD 평균의 2배에 달한다. 이런 상황에서 가장이 갑자기 사망했는데 비축한 현금이 없으면 상속세 문제가 발생할 수 있다. 상속세를 내기 위해 부동산을 급매로 처분하면 제값을 받지 못할 가능성도 높다. 물론 양도소득세도 내야 한다. 따라서 가장의 종신보험 가입은 가능하면 서두르는 것이 좋다.

시니어 전용주택 화재보험

미쓰이스미토모해상화재보험은 시니어를 대상으로 한 화재보험인 GK생활보험그랜드를 2017년부터 판매하고 있다. 기존 화재보험으로도 화재, 침수, 지진, 도난 등으로 입은 피해의 손해를 보상받지만 이러한 한정적인 보상으로는 시니어 고객의 니즈를 충족시킬 수 없기 때문에 사고가 발생하지 않아도 일상생활에 도움이 되는 종합 생활 지원 서비스를 제공한다. 호우·태풍·폭설 등 재난 정보 알람 서비스, 배수·가구 이동·전구 교체 등 문제 발생 시 생활 구급대원 출동, 요양·연금·세금 등 금융 상담 서비스, 호텔·영화·여행 등 제휴업체 소개 서비스, 가족에게 월 1회 안부 연락 대행 서비스 등을 제공하는 것이다.

시니어 안전운전 텔레매틱스보험

고령화가 되면서 시니어들의 교통사고 또한 증가하고 있다. 2015년에 발생한 사고 중 65세 이상 시니어 운전자가 관련된 사고는 21.5%로 10년 전에 비해 1.9배 증가했고 특히 역주행사고는 전체의 68%에 달했다. 멀리 떨어져 생활하는 자녀들은 노부모의 운전 상황이 궁금할 수밖에 없다.

이러한 궁금증을 해결하기 위해 텔레매틱스(Telematics) 기술을 활용한 자동차보험이 개발되어 2017년부터 판매되고 있다. '텔레매틱스'란, 텔레커뮤니케이션(Telecommunication)과 인포매틱스(Informatics)의 합성어로 자동차와 무선통신을 결합한 새로운 개념의 차량용 무선 인터넷 서비스다. 스마트폰과 차량에 설치된 전용 기기를 통해 수집한 운행 상황 데이터를 바탕으로 고객에게 서비스를 제공하는 방식이다. 예를 들어, GPS를 활용해 고속도로에서 역주행을 하거나 집에서 반경 20킬로미터를 벗어나면 경고음이 울린다. 급가속이나 급정거 및 경고음 발신 횟수를 기초로 온라인 운전 진단 리포트도 제공한다. 차량이 큰 충격을 받으면 콜센터에 통보해 사고 담당자가 스마트폰으로 상태를 확인하고, 사고 발생 시 초기 대응과 렌터카 서비스를 제공한다. 이러한 안전운전을 모니터링해 정기적으로 가족에게 알려준다.

우리나라 역시 고령화가 진행되면서 노인의 교통사고가 늘어나고 있다. 보험개발원의 연령대별 사고 현황 자료에 따르면 70세 이상 고령운전자가 낸 교통사고가 2006년 7,000건에서 지난해 2만 9,000건으로 10년 새 4배 증가한 것으로 나타났다.

부모 간병을 위한 소득 보상보험 _____

일본에서는 장기 요양이 필요한 사람이 점점 증가하면서 부모 간병을 위해 회사를 그만두거나 옮기는 사람이 연간 10만 명이 넘는다. 부모를 간병해야 하는 자식들의 연령대가 대부분 40~50대인데 직장에서 한창 일할 핵심 인력들이다. 그래서 일본 회사들은 간병 휴가, 간병 휴직제도 등을 도입해 간병과 일의 양립을 지원하면서 직원들의 퇴사를 막고 있다. 미츠이스미토모해상, 아이오이닛세이동화손해보험의 지주회사인 MS&AD보험그룹은 단체종합생활보상보험에 부모 간병을 위한 휴직 보상특약을 신설하고 2017년부터 판매하고 있다. 부모가 요개호 2급 이상 등급 판정을 받고 피보험자인 직원이 면책 기간(0일, 30일, 93일, 180일, 365일)을 초과해 휴직하면 보험금이 연금 또는 일시금으로 지급되는 방식이다.

치매 부모 손해 배상을 대비한 개인 배상 책임보험 _____

치매에 걸린 91세 남자가 거리를 배회하다가 열차에 치여 사망한 사고가 발생했을 때 그 책임은? 일본 나고야법원은 치매환자의 부인에게 감독 의무에 충실하지 않았다는 이유로 열차회사에 약 360만 엔(약 3,600만 원) 손해 배상금을 지불하라고 판결했다. 이처럼 동거하지 않는 자녀나 후견인이 치매환자의 감독 의무자라는 이유만으로 배상해야 하는 일이 바로 내게도 일어날 수 있다. 이러한 경우 개인 배상 책임보험이 유용하다. 본인 또는 가족이 일상생활을 하면서 타인에게 손해를 끼친 경우 배상금과 변호사 비용 등을 지급하는 보험이다. 단독 계약이 아니라 화재보험이나 상해보험, 자동차보험의 특약으로 계약하는 것이 일반적이다.

독거 세입자의 죽음에 대비하는 고독사보험 _____

일본인 7명 중 1명은 혼자 살고 있다. 사연도 다양하다. 노년층 이상으로 가면 배우자와 사별이나 이별한 경우가 있고 그 아래 세대에서는 자발적인 1인 가구가 많다. 20~30대의 미혼(未婚)뿐만 아니라 40~50대의 비혼(非婚)도 증가하고 있기 때문이다. 이에 따라 예상치 못한 다양한 사회적 문제가 발생하고 있는데 그 중 하나가 고독사(孤獨死)다.

고독사는 일반적으로 혼자 생활하고 있는 사람이 집에서 병이나 발작 등으로 사망하는 것이다. 2016년 일본 고독사 건수는 1만 7,433건으로 전체 사망자의 3.5%이며 대도시와 65세 이상 시니어가 많다. 일본 후생노동성의 국민 생활 기초조사 등에 따르면 2016년 현재 혼자 사는 시니어는 655만 명으로 추산된다. 10년 전보다 60% 가까이 증가한 수치다. 고독사는 계속 늘어날 전망이다.

고독사는 보통 시신 방치로 이어지는데 이런 경우 집을 빌려준 임대인은 난감해질 수밖에 없다. 밀린 월세를 받을 길이 없어지는 것은 물론이고 시신 수습부터 청소, 가구 처분, 수리 비용 등이 발생한다. 수리 기간과 새로운 세입자를 구하는 기간에는 임대 수입도 사라진다. 그리고 시신이 오래 방치되었던 집이라는 소문이 나면 공실 기간은 길어질 수밖에 없다. 이런 상황이 일반화되자 '노인 입주 불가'를 조건으로 내거는 임대인도 많아지고 있다. 빈곤 노인은 물론 연금 생활자에게조차 집을 빌려주지 않으려고 하는 것이다. 심지어 젊었을 때 입주한 세입자가 늙고 병들게 되면 비워 달라는 곳도 있다. 일본임대주택관리협회에 따르면 임대인의 60%가 노인 입주에 거부감을 갖는다는 통계가 있다.

한쪽에서는 방을 내주면서 고독사보험에 가입하는 임대인도 늘고 있다. 고독사보험은 홀로 지내던 사망자의 방을 치우고 다시 꾸미는 데 드는 비용과 공실이 되거나 집세가 떨어진 경우에 보상해주는 보험이다. 심지어 옆방까지 보상해주기도 한다.

아이아루소액단기보험사가 고독사보험인 무연(無緣)사회 지킴이를 2011년에 출시했다. 고독사가 일어난 방의 원상 회복 비용에 최대 100만 엔(1,000만 원)을 지급하고 사고 후 1년간 임대료 하락 손실에 최대 200만 엔(2,000만 원)을 보상해준다. 보험료는 가구당 3,300엔(3만 3,000원) 정도다. 소액 단기보험은 미니 보험으로도 불리는데 보험 기간이 2년 이내, 1,000만 엔(1억 원) 이하의 보험금이 특징이다.

도쿄해상, 닛세이동화손해보험, 미쓰이해상화재보험 등 대형 보험사도 명칭과 보장 내용이 조금씩 다르지만 고독사보험 상품을 출시하고 있다. 입주자가 보험료를 부담하는 방식으로 가입하고 보험금은 주인이 수령하는 형태와 집주인이 화재보험 특약으로 가입하는 형태가 있다. 최근에는 입주자에게 매월 수백 엔(수천 원) 정도 보험료를 부담하는 보험에 가입하도록 의무화한 임대주택도 증가하고 있다.

우리나라도 무연고 사망자 수가 2011년 693명에서 2016년 1,232명으로 5년간 2배 가까이 증가했다. 2012~2016년 65세 이상 무연고 사망자 통계에 따르면, 1,496명의 독거노인이 고독사를 한 것으로 추정된다. 독거노인은 2015년 122만 3,000명에서 2017년 133만 7,000명으로 최근 3년간 10% 가량 증가했다. 이런 현실을 반영해 DB손해보험이 임대주택 관리 비용보험을 출시했다. 유품 정리 비용 담보와 원상회복 비용 담보에 가입하면 임대주택의 특수 청소 비용, 파손 등으로 인한 인테리어 비용도 보상받을 수 있다. 주요 고객은 개인이 아니라 주택 임대사업자이므로 일본 고독사보험과는 조금 다르다. 그래서 집주인과 세입자가 고독사로 발생하는 손실 위험을 보상받을 수 있는 보험 개발이 필요하다.

한편 일본에서는 고독사한 사람의 집을 원상회복시키는 특수청소업자가 활발하게 활동하고 있다. 유족 대응과 청소 방법 등을 주제로 약 2개월간의 통신강좌를 받고 시험에 합격하면 특수청소사 자격을 얻게 된다. 현장에서 방호복을 입고 특수 약품과 살충제 등으로 실내를 청소한다. 유품 정리까지로 서비스를 확장하기도 한다. 관련 사업체가 전국에 5,000개 정도 있는데 관련 단체가 민간 자격의 인정제도를 시작한 5년 전에 비해 15배 넘게 성장한 것이다. 사건 현장 특수청소센터는 2014년에 설립됐다.

해외의 인슈테크를 벤치마킹하라

그동안 생명보험사가 위험 보장에 중점을 뒀다면 최근에는 가입자의 건강 상태에 따라 보험료에 차등을 두면서 가입자 스스로 건강 관리를 하게 만드는 상품이 늘고 있다. 특히 사물인터넷, 클라우드, 빅데이터, 인공지능, 모바일 등 4차 산업혁명의 첨단 기술을 활용한 헬스케어보험이 빠르게 증가하고 있다. 보험(Insurance)과 빅데이터, 인공지능 등 신기술(Technology)을 활용해 이노베이션을 창출하는 인슈테크(InsureTech)의 필요성이 제기되고 있는 것이다. 예를 들어, 보험회사가 의료 빅데이터를 분석하는 회사와 손잡고 피보험자의 건강을 증진시키는 서비스를 개발하는 것처럼 말이다. 웨어러블 단말기와 스마트폰을 활용해 보험계약자의 생활 데이터(걸음 수, 보행 거리, 체중, 연소 칼로리, 수면 시간 등)을 집적한 다음, 파트너를 맺은 기업이 보유 중인 데이터(건강 검진, 의료비 청구서 등)와

조합해 질병의 인과관계를 해석하는 혁신적인 상품이다.

보험회사는 계약자와 피보험자에 관한 의료 데이터를 갖고 상품 설계와 요율 산출에 활용하고 있는데 보유 중인 데이터만으로는 충분하게 분석하는 데 한계가 있다. 그러나 최근 디지털 혁신이 일어나면서 다른 기업과 적극적인 파트너십을 맺고 데이터를 수집해 보험계약자에게 양질의 서비스를 제공하려는 노력이 이어지고 있다.

인슈테크는 고령화 및 저출산, 인구 감소 등 사회적 환경 변화에 대응한 새로운 비즈니스 모델로 헬스케어, 보험계약 심사, 마케팅 등에 활용된다. 미국 1위 건강 보험회사인 유나이티드헬스(United Health)도 애플(Apple)의 건강 데이터 공유 플랫폼인 헬스키트(Healthkit)의 정보를 활용해 가입자를 대상으로 건강 관리 프로그램을 제공하고 있다. 국내에서도 AIA생명과 ABL생명, 교보생명 등이 2017년부터 스마트 기기와 보험 상품을 결합한 인슈테크 상품을 선보이기 시작했다.

건강 나이를 적용한 건강연령보험

2016년 네오퍼스트생보도 개인의 의료 데이터를 활용해 생명 나이가 아닌 건강 나이를 적용한 건강 연령 소액 단기보험을 출시했다. '건강 나이'는 생활 습관, 가족력, 환경 등을 기본으로 개인의 사망 위험도를 평가한 나이를 말한다. 건강 나이는 일본의료데이터센터가 보유한 160만 건 이상의 데이터에서 혈압, 당뇨, 중성지방 등

12개 항목의 건강 검진 결과를 종합적으로 활용해 산출된다. 그런 다음, 실제 나이와 비교해 연간 의료비를 예측하고 보험료에 반영하는 방식이다. 가입 시점에는 실제 나이로, 3년 후 갱신 시점에는 건강 나이로 보험료를 산출하기 때문에 가입자가 건강 관리를 잘했다면 보험료가 할인되는 혜택을 누릴 수 있다. 이러한 상품은 가입자의 건강 관리를 장려해 건강을 증진하면서 국가의 의료비 절감에도 기여하고 있다.

걸으면 보험료가 작아지는 걷기보험

동경해상일동안심생명은 통신사인 NTT도코모와 공동으로 걷기보험인 아루쿠호켄을 개발했다. 웨어러블 단말기와 전용 앱으로 측정한 가입자의 건강 증진 활동 실적에 따라 보험료의 일부를 환급해주는 상품이다. 건강 장수를 위해 운동, 식사, 수면을 고객 스스로 관리하도록 유도하기도 한다.

국내에서는 2017년 AIA생명이 '걸으면 보험료가 작아진다'라는 광고와 함께 건강 증진형 보험 상품인 바이탈리티(Vitality) 걸작 암보험을 선보였다. 역시 전용 앱을 통해 걸음 수를 측정해서 보험료에 반영하는 방식이다. ABL생명, 교보생명 등도 걷기보험을 선보였다. 이처럼 대형 생명보험사들이 헬스케어보험에 뛰어든 이유는 성장성 때문이다. 점점 더 고령화되고 동시에 스마트 기기가 보편화되는 현실을 반영한 것이다.

보험이 IT 기술을 만나다 _____

손보재팬보험(www.sompo—hd.com, 이하 '솜포')은 손해보험사, 생명보험사, 요양 사업 등을 하고 있는 대기업이다. 솜포의 최고경영자는 "옛날 솜포는 보험회사였지"라는 말을 듣고 싶다고 한다. '안심, 안전, 건강의 테마파크 만들기'를 슬로건으로 내걸고 보험회사에서 탈피하기 위한 노력을 기울이고 있기 때문이다. 디지털 기술 혁신으로 무장한 채 요양 사업에 진출하는 등 새로운 시장을 개척하고 있는 중이다.

2015년 12월 이자카야회사인 와다미(和民)가 운영하던 요양 사업 인수를 시작으로 현재 유료 노인 홈 298개소, 서비스 제공 시니어주택 128개소를 운영하고 있는데 일본에서 두 번째로 큰 요양 사업체다. 단순한 요양 사업체가 아니라 디지털 기술을 활용해 업무를 혁신하고 벤처 기업을 발굴해 신기술을 도입하면서 재성장의 원동력으로 삼고 있다.

회사에서 운영하는 유료 노인 홈에 소형 로봇인 유니보를 도입했다. 높이 30센티미터인 이 로봇은 입주자나 직원이 "문을 열어"라고 말하면 문에 신호를 보낸다. 사람 얼굴을 인식하는 기술이 도입되었기 때문에 등록한 사람에게만 반응한다.

중증 환자들이 모인 요양 시설에서 가장 힘든 일이 배설물 처리다. 환자 스스로가 언제 배설할지를 자각하지 못하거나 알아도 대처할 수 없는 경우가 많다. 시설직원은 하루 종일 바쁘기 때문에 업무 강도가 높고 부담도 많다. 이에 솜포가 운영하는 요양 시설에서는 소변통에 센서를 부착해 초음파로 배설량을 측정하고 직원의 태블릿 PC로 정보를 송신한다. 또한 거실과 욕실에 마이크로파를 사용하는 센서를 설치해 몸 움직임과 호흡을 감지하는데 긴 시간 동안 움직이지 않으면 직원의 단말기로 '이상'을 통보한다. 이처럼 디지털 기술을 활용해 요양 사업의 생산성, 안전성, 품질, 직원 부담을 개선하고 있다.

2016년에는 디지털전략부를 만들고 연구 및 개발의 거점으로 솜포디지털랩을 실리콘밸리에 설립했다. 창업가, 벤처캐피털, 인큐베이터, 학자, 기술자 등이 생태계의 벤처네트워크에 직접 들어가 신기술과 새로운 비즈니스에 신속히 접근하기 위해서다. 그룹 내에 인공지능센터를 구축해서 사물인터넷 기술 발전에 따른 다양한 빅데이터를 축적하고 해석해 실제 비즈니스에 활용할 계획이다.

참고자료

[도서]

- 김웅철, 《초고령사회 일본에서 길을 찾다》, 페이퍼로드, 2017
- 마츠모토 스미코, 《시니어 비즈니스 성공전략》, 해냄, 2007
- 마크 프리드먼, 《빅 시프트》, 한울, 2015
- 메리 S. 펄롱, 《시니어 마켓을 선점하라》, 미래의창, 2007
- 무라타 히로유키, 《시니어 비즈니스》, 넥서스, 2005
- 무라타 히로유키, 《시니어 비즈니스 7가지 발상전환》, 필맥, 2006
- 무라타 히로유키, 《그레이마켓이 온다》, 중앙북스, 2013
- 사카모토 세쓰오, 《2020 시니어 트렌드》, 한스미디어, 2016
- 실버산업전문가포럼, 《시니어 비즈니스 스쿨》, 매일경제신문사, 2014
- 이명섭·김장호, 《100세 시대 액티브 시니어 비즈니스》, 행복한세상, 2106
- 전우정·문용원·최정환, 《시니어 마케팅의 힘》, 유아이북스, 2017
- 하쿠오토생활종합연구소, 《거대시장 시니어의 탄생》, 커뮤니케이션북스, 2009
- 후지타 다카노리, 《2020 하류노인이 온다》, 청림출판, 2016
- Florian Kohlbacher & Cornelius Herstatt, 《The Silver Market Phenomenon: Marketing and Innovation in the Aging Society》, Springer, 2011
- Kathryn McCamant & Charles Durrett, 《Creating Cohousing: Building Sustainable Communities》, New Society Publishers. 2011
- Ken Dychtwald & Joe Flower, 《Age Wave: How The Most Important Trend Of Our Time Will Change Your Future》, Bantam Books, 1990

- Lynda Gratton & Andrew Scott, 《The 100—Year Life: Living and Working in an Age of Longevity》, Bloomsbury Information, 2017

- Michael Calhoun, 《The Silver Market: New Opportunities in a Graying Japan and United States》, Japan Society, 2001

- JoAnn Jenkins & Boe Workman, 《Disrupt Aging: A Bold New Path to Living Your Best Life at Every Age》, Public Affairs, 2016

- John Wallis Rowe & Robert L. Kahn, 《Successful Aging》, DTP Health 1999

- Julie Jason, 《The Retirement Survival Guide: How to Make Smart Financial Decisions in Good Times and Bad》, STERLING New York, 2009

- Paul Irving, 《The Upside of Aging: How Long Life Is Changing the World of Health, Work, Innovation, Policy and Purpose》, Wiley Inc, 2014

- Robert C. Carlson, 《The New Rules of Retirement: Strategies for a Secure Future》, Wiley Inc, 2016

- Tamara J. Erickson, 《Retire Retirement: Career Strategies for the Boomer Generation》, Harvard Business School Press, 2008

- 柴田博,《スーパー老人の秘密》, 技術評論社, 2006

- 東京大学ジエロントロジーコンソーシアム,《2030年高齢未來破綻を防ぐ10のプラン》, 東洋經濟新報社, 2012

- 日本応用老年學會編著,《ジエロントロジー入門》, 社會保險出版者, 2013

- 西川立一,《最強シニアマーケテイング》, ぱる出版, 2013

- 貝塚啓明編著,《持續可能な高齢社會を考える》, 中央經濟社, 2014

- 電通シニアプロジェクト 齋藤 徹,《超高齢社會マーケテイング》, ダイヤモンド社, 2014

- 村田裕之,《成功するシニアビジネスの教科書》, 日本經濟新聞社出版社, 2015

- 吉水由美子 小原直花,《Hanako世代を狙え!》, ダイヤモンド社, 2015

- 藤田孝典,《續·下流老人 一億總疲弊社會の到來》, 朝日親書,2016

- ビデオリサーチひと研究所,《新シニア市場攻略のカギはモラトリアムおじ
  さんだ！》, ダイヤモンド社, 2017

[보고서]

- 〈고령사회 진입과 시니어 비즈니스 기회〉, 삼정KPMG 경제연구원, 2017

- 〈일본 보험 트렌드 2017〉, 보험개발원, 2017

- 〈미일 보험회사 건강 관리·장기 요양 서비스의 현황 및 시사점〉, 삼성생명은
  퇴연구소, 2013

- 〈고령 친화 산업 실태조사 및 산업 분석〉, 한국보건산업진흥원, 2012

- 〈고령 친화 산업 시장 동향〉, 한국보건산업진흥원, 2015

- 〈일본의 고령화 현황 및 고령사회 대책〉, 한국보건산업진흥원, 2017

- 〈고령 친화 산업과 4차 산업혁명〉, 한국보건산업진흥원, 2017

- 〈고령 사회, 시니어 시프트에 대응하는 국·내외 비즈니스 혁신 사례〉, 한국
  보건산업진흥원, 2017

- 〈제외국의 고령 친화 산업 현황〉, 한국보건산업진흥원, 2017

- 〈시니어 시프트 도래에 따른 경제 환경 변화와 기업 대응 트렌드(VIP리포트
  16—15)〉, 현대경제연구원, 2016

- 〈미국도 이제 고령화, 성장 기대 산업은?〉, KOTRA, 2014

- 〈일본 시니어 시장 현황 및 우리 기업 진출방안〉, KOTRA, 2017

- 〈Longevity Economy, Generating Economic Growth and New
  Opportunities for Business〉(Oxford Economics), AARP, 2010

- 〈少子高齡化時代の新しいビジネス〉(日本政策金融公庫総合研究所), 日本公庫研
  総レポート, 2011

- 〈高齡者市場への取組みの進化に関する考察〉, みずほコーポレート銀行,
  2013

- 〈高齡者市場の現狀と展望〉(前田展弘), ニッセイ基礎研究所, 2016

[논문 등]

- 최상태, '고령화 위기를 비즈니스 기회로', 〈복지저널〉, 한국사회복지협의회, 2018. 3

- 〈고령화 시대의 유망 고령 친화 산업(실버산업)분야별 시장 동향 및 관련 산업 동향〉, 임팩트, 2018

- 〈少子化·高齢化ビジネス白書〉, 日本ビジネス開發, 2003~2017

- '長寿時代の科学と社会の構想', 〈科学〉(秋山弘子), 岩波書店, 2010

시니어 시프트

제1판 1쇄 발행 | 2018년 8월 3일
제1판 2쇄 발행 | 2021년 11월 8일

지은이 | 최상태 · 한주형
펴낸이 | 유근석
펴낸곳 | 한국경제신문 한경BP
외주편집 | 전용준
저작권 | 백상아
홍보 | 서은실 · 이여진 · 박도현
마케팅 | 배한일 · 김규형
디자인 | 지소영

주소 | 서울특별시 중구 청파로 463
기획출판팀 | 02-3604-590, 584
영업마케팅팀 | 02-3604-595, 583   FAX | 02-3604-599
H | http://bp.hankyung.com   E | bp@hankyung.com
F | www.facebook.com/hankyungbp
등록 | 제 2-315(1967. 5. 15)

ISBN 978-89-475-4385-9   03320